"一带一路"系列丛书

"一带一路"国别概览

黑山

李向阳　总主编

陈宏　牛东芳　编著　　智昭林　审定

大连海事大学出版社

ⓒ 陈宏　牛东芳　2018

图书在版编目(CIP)数据

黑山 / 陈宏，牛东芳编著. — 大连：大连海事大学出版社，2018.11
("一带一路"国别概览 / 李向阳总主编)
国家出版基金项目
ISBN 978-7-5632-3751-7

Ⅰ.①黑… Ⅱ.①陈…②牛… Ⅲ.①黑山共和国-概况 Ⅳ.①K955.52

中国版本图书馆CIP数据核字(2018)第284639号

大连海事大学出版社出版

地址：大连市凌海路1号　邮编：116026　电话：0411-84728394　传真：0411-84727996
http://www.dmupress.com　　E-mail:cbs@dmupress.com

大连海大印刷有限公司印装	大连海事大学出版社发行
2018年11月第1版	2018年11月第1次印刷
幅面尺寸：155 mm × 235 mm	印数：1～3000册
印张：9	字数：134千

出　版　人：徐华东	项目策划：徐华东
责任编辑：陈　亮　席香吉	责任校对：高　颖

装帧设计：孟　冀　解瑶瑶　张爱妮

ISBN 978-7-5632-3751-7　　　　　　　　　　　　　　定价：45.00元

"一带一路"国别概览

丛书编委会

- ▶ 主　任　李向阳
- ▶ 副主任　徐华东　李绍先　郑清典　李英健
- ▶ 委　员　李珍刚　姜振军　张淑兰
　　　　　　尚宇红　黄民兴　唐志超
　　　　　　滕成达　林晓阳　杨　淼

总序

  2013年秋,国家主席习近平在哈萨克斯坦和印度尼西亚出访期间,先后提出共建"丝绸之路经济带"和"21世纪海上丝绸之路"的倡议,倡导共商、共建、共享理念,得到国际社会广泛关注和积极响应。"一带一路"倡议旨在积极发展与沿线国家的经济合作伙伴关系,共同打造政治互信、经济融合、文化包容的利益共同体、命运共同体和责任共同体。

  "一带一路"倡议源自中国,更属于世界,它面向全球、陆海兼具、目的明确、路径清晰、参与方众、反响热烈。五年间,"一带一路"倡议从理念转化为行动,从愿景转变为现实,在顶层设计、政策沟通、设施联通、贸易畅通、资金融通、民心相通等方面都取得了显著的成果,为实现世界共同发展繁荣注入推动力量、增添不竭动力。目前,我国已与100多个国家和国际组织签署了共建"一带一路"合作文件。共建"一带一路"倡议及其核心理念被纳入联合国、二十国集团、亚太经合组织、上合组织等重要国际组织成果文件。

  "一带一路"沿线国家地理地貌、风俗人情、经济发展、投资环境各不相同,极有必要对其进行系统的介绍和分析。此外,目前针对"一带一路"沿线国家的研究仍不够深入,缺少系统、整体的研究资料。大连海事大学出版社组织策划的"'一带一路'国别概览"丛书(首批65卷)适逢"一带一路"倡议提出五年后下一个阶段深入推进的需要之时,也填补了国内系统地介绍"一带一路"沿线国家国情的学术专著的空白,获得了国家出版基金项目资助,并入选教育部全国高校出版社主题出版选题。

  "'一带一路'国别概览"丛书(首批65卷)联合中国社会科学院、北京大学、山东大学、宁夏大学、广西民族大学、上海对外经贸大学、黑龙江大学等多家高校及研究机构编写,并组织驻"一带一路"沿线65个国家的前大使对相关书稿进行审定。本套丛书不仅涵盖了各国地理、简史、政治、军事、文化、社会、外交、经济等方面的内容,突出了各国与丝绸之路或海上丝绸之路的历史渊源,力争为读者提供全景式的国情介绍，还从"一带一路"政策出发，引用实际案例详细阐述了中国与各国贸易情况及各国的投资环境，旨在为"一带一路"的推进提供强大的智力支持，加快科技成果转化，促进合作人才培养，帮助我国"走出去"的企业有效地防控风险，从而全方位地助推"一带一路"建设。

"'一带一路'国别概览"丛书（首批65卷）的顺利出版得益于大连海事大学出版社的精心策划和组织，也凝聚着百余位相关领域专家学者的心血，在此深表感谢。

国家主席习近平曾深情地说："'一带一路'建设承载着我们对美好生活的向往，将把每个国家、每个百姓的梦想凝结为共同愿望，让理想变为现实，让人民幸福安康。"我们也希望本套丛书可以为"一带一路"建设架起一座沟通的桥梁，推动"一带一路"倡议在沿线国家向更深远和平稳的方向发展。

"'一带一路'国别概览"丛书编委会

2018年6月

前言

时维九月,白露已至,沪上秋雨夜渐寒。去年此时,我受大连海事大学出版社委托,承担起"一带一路国别概览"系列丛书之《黑山》的写作任务。

"一带一路"是"丝绸之路经济带"和"21世纪海上丝绸之路"的简称,也是我国目前着力发展的对外政治互信和经贸合作平台。自"一带一路"倡议提出以来,学者们著书立作,成果颇丰。黑山共和国作为"丝绸之路经济带"上的国家之一,坐落于巴尔干半岛的西南部,背靠亚得里亚海东海岸。"黑山"这一名称的起源,得于其郁郁葱葱的山间植被,黑山境内绵延起伏的高山被黛绿色的树木覆盖,远远望去,山体接近于黑色。1726年,黑山首领米鲁丁国王看到南部一带山脉被黑黝黝的茂密森林覆盖时,不由得心生感慨,便将其称为"黑山"。黑山共和国西北部与波斯尼亚和黑塞哥维那接壤,东北紧邻塞尔维亚,东南部是阿尔巴尼亚。黑山有着293千米的海岸线,西部和中部为丘陵平原地带,旅游资源极为丰富。

黑山共和国与中国有着传统友谊。中黑建交后,两国关系发展良好,政治互信不断加强。双方在经贸、文化、旅游等各领域交流与合作成效显著。然而,黑山经济基础薄弱,南斯拉夫联邦解体后,黑山因受战乱、国际制裁影响,经济一路下滑,且基础设施落后、能源匮乏、商品缺乏竞争力。随着黑山独立以及经济改革的推进,经济逐步恢复,这为我国企业提供了新的市场和投资契机。自"一带一路"倡议提出后,中国在黑山中标了一系列铁路以及高速公路等重大项目,双方贸易额也快速增长。

但是,通过梳理中国学术期刊网站的文献、国家政府网站信息和相关著作,发现有关黑山共和国研究的资料极为缺乏,多数研究仅针对黑山发生的重大事件进行分析,信息数据不完整,对黑山的政治、社会、文化、经济等系统性研究缺失。因此，有针对性对黑山进行全面深入的研究，了解黑山的政治经济与文化，能够为政府和企业"走出去"提供可靠且直观的信息，弥补了对黑山的知识储备，增加了智力支持。基于此，本书的编写历时一年，编者查阅了大量外文文献和外文数据，上篇围绕黑山的地理、简史、政治、军事、文化、社会、外交和经济等方面进行阐述，下篇侧重论述黑山的对外贸易与投资，中黑经贸合作的现状、存在的问题和对策以及合作发展前景，希冀通过此书能够弥补我国对黑山共和国基础研究的空白。

自上海对外经贸大学中东欧研究中心成立以来，我从事中东欧投资贸易研究与"一带一路"相关研究已有六年有余，积累不可谓不丰。但此前研究多从中东欧地区的宏观视角出发，侧重经贸往来、投资合作等方面，针对具体国别的全面考察，尚属首次。鉴于术业有专攻，于是我邀华东政法大学博士研究生牛东芳加入此书的撰写工作，主要负责上篇。此外，为本书的材料收集、文献翻译、数据处理以及撰写底稿做出了贡献的有：硕士研究生昌薇、黄超、毛仲秋、殷雪松，国际贸易专业本科生王睿泽，华东政法大学硕士研究生韩豫春。在此一并致谢。

编　者

2018年9月

目录

上篇

第一章 地理 ……………………………………………… 3
    第一节 地理位置 ……………………………………… 3
    第二节 气候 …………………………………………… 4
    第三节 地势地貌 ……………………………………… 4
    第四节 主要河流与湖泊 ……………………………… 5
    第五节 自然资源 ……………………………………… 6
    第六节 行政区划 ……………………………………… 7

第二章 简史 ……………………………………………… 14
    第一节 古老的杜克列亚 ……………………………… 15
    第二节 两次世界大战中的黑山 ……………………… 17
    第三节 第二次世界大战后黑山的独立之路 ………… 21

第三章 政治 ……………………………………………… 24
    第一节 国家标志 ……………………………………… 24
    第二节 宪法 …………………………………………… 25
    第三节 议会 …………………………………………… 26
    第四节 总统 …………………………………………… 27
    第五节 政府 …………………………………………… 28
    第六节 司法机关 ……………………………………… 30

第四章 军事 ……………………………………………… 33
    第一节 建军史 ………………………………………… 33
    第二节 兵役制度和军衔制度 ………………………… 35

第五章 文化 ……………………………………………… 37
    第一节 语言 …………………………………………… 37
    第二节 文学与艺术 …………………………………… 39

第六章　社会 ……42
 第一节　人口与民族 ……42
 第二节　宗教 ……43
 第三节　传统风俗 ……44
 第四节　教育 ……47
 第五节　卫生 ……50
 第六节　体育 ……51

第七章　外交 ……54
 第一节　与北约和欧盟的关系 ……54
 第二节　与中国的关系 ……57

第八章　经济 ……65
 第一节　概况 ……65
 第二节　经济体制的沿革和经济现状 ……67
 第三节　农业 ……74
 第四节　工业 ……78
 第五节　交通运输业 ……79
 第六节　旅游业 ……80

下篇

第九章　对外贸易与投资 ……87
 第一节　对外贸易 ……87
 第二节　对外资的吸引力 ……88

第十章　中黑经贸合作现状 ……90
 第一节　资源合作 ……90
 第二节　技术合作 ……92
 第三节　产业合作 ……98

第十一章　中黑经贸合作中存在的问题与对策 ……100
 第一节　中黑经贸合作现状分析 ……100
 第二节　中黑经贸合作中存在的问题 ……105
 第三节　中黑经贸合作的应对策略 ……108

第十二章　中黑经贸合作发展前景 ……111
 第一节　"16+1合作"机制 ……111

第二节 "一带一路"倡议下的合作 …………………………… 115
第三节 中黑经济未来合作重点领域 …………………………… 120

参考文献 ……………………………………………………………… 126

上篇

第一章 地理

第一节 地理位置

在巴尔干半岛的西南部，背靠亚得里亚海东海岸，坐落着世界上一个古老而年轻的国家——黑山。黑山位于北纬42°30′、东经19°18′。黑山与克罗地亚、波斯尼亚和黑塞哥维那、塞尔维亚、阿尔巴尼亚以及亚得里亚海相邻。黑山是一个面积狭小却多山的国家，总面积约13 800平方千米，海岸线长293千米，与他国交界国境线长625千米。

"黑山"这一名称起源于境内南部绵延起伏的高山，远远望去接近于黑色。1726年，黑山首领米鲁丁国王看到南部一带黑黝黝的山脉时，不由得心生感慨，便将国家称为"黑山"。黑山西北部与克罗地亚、波斯尼亚和黑塞哥维那接壤，东北部紧邻塞尔维亚，东南部与阿尔巴尼亚接壤。黑山西部和中部为丘陵平原，北部和东北部为山地和高原，整体地形为西部低、东北部高，境内河流与水源自东向西汇入亚得里亚海。

第二节　气候

黑山的气候主要为温带大陆性气候，沿海地区为地中海气候，山区为山地气候。冬季寒冷多雨，夏季炎热干燥。1月平均气温-1℃，7月平均气温28℃，年平均气温13.5℃，峡谷地区气候温和，海拔较高的地区气候恶劣，许多高山全年大部分时间处于积雪状态，在一些较为阴冷的谷地，冰雪不易融化。黑山境内全年都有降水，其中秋季降水集中，年平均降水量为1798毫米。气候依地形自南向北分为地中海气候、温带大陆性气候和山地气候。

黑山沿岸地区多丘陵，海拔约为600米，在这一区域，地中海气候影响着四季气温和降水量，年平均气温为14℃~15℃，年降水量相对较多，约1300~2500毫米。由于年降水分布不均匀，该区的特点是干旱期长。

黑山内陆地区，海拔约1 000米。这一区域为温带大陆性气候为主导，平均气温8℃~9℃，降水量800~900毫米，分布均匀。

第三节　地势地貌

黑山西南部主要为喀斯特地貌，植被稀少。黑山东部地区自然资源比较富饶，有大片森林和草地。沿海地区为狭长的平原地区，黑山境内河流向两个相反方向流动，皮瓦河、塔拉河和利姆河向北流；莫拉查河和泽塔河向南流。黑山南部的科托尔峡湾为欧洲最靠南的峡湾。

黑山占据了欧洲最崎岖的地形，山脉众多，平均海拔高达2 000米。黑山山区与平原的交接地带是一段喀斯特地貌。黑山的平原地带在北部骤然而止。洛夫琴山与科托尔湾相接。黑山的大型喀斯特地区一般海拔在1 000米以上，例如奥戎山，海拔1 894米，是沿海喀斯特地貌范围内最高的地区。黑山的泽塔河谷海拔为500米，是黑山海拔最低的区域。

黑山山脉由上一个冰川时期巴尔干半岛的冰蚀部分经过演变形

成。位于黑山中北部的博博托夫库克山为全国第一高峰，属杜米托尔山脉，海拔2 252米，附近的塔拉河塑造了深达1 300米的峡谷，该地区已被列为世界遗产。

黑山海岸长将近293千米，分布着岛屿，但与其西北部邻国克罗地亚不同，黑山的沿海岛屿没有大量居民居住。黑山沿岸最著名的地带是科托尔湾。科托尔湾被高达1 000米高山包围，山峰几乎垂直沉入大海。科托尔湾南部有一个狭窄的沿海平原，宽度约为4千米，北部为高山。

第四节　主要河流与湖泊

黑山北部的地表径流属于塔拉河流域，该河流注入波斯尼亚和黑塞哥维那的德里纳河，最终汇入多瑙河。在黑山南部，众多河流向西汇入亚得里亚海。喀斯特地区的大部分水源不流经地表，而是透过石灰岩渗透到地下并在地下暗河中流动。黑山最大的湖泊是斯库台湖，同时也是巴尔干地区最大的湖泊。该湖约有60%的面积位于黑山境内，黑山也因湖泊众多而闻名。

（一）布纳河

布纳河是欧洲巴尔干半岛的河流，流经阿尔巴尼亚和黑山。布纳河发源于斯库台湖，注入亚得里亚海，总长41千米，在阿尔巴尼亚境内长度约20千米，在黑山境内长度21千米。若计入斯库台湖的源头莫拉查河，则总长为183千米。

（二）斯库台湖

斯库台湖是巴尔干半岛最大的湖泊，位于黑山与阿尔巴尼亚边境地区，因地壳轻微下沉而成。斯库台湖距离亚得里亚海约12千米，湖面海拔12米，面积370平方千米（其中222平方千米属于黑山）。湖泊最深处44米，由河水及少量地下水补给。冬季水量增多，湖面可扩大三分之一。斯库台湖盛产鱼类，可通航。湖的西面和西北面山岭陡峭，东面有平原和沼泽。有六条河流注入此湖，其中莫拉查河为注入此湖的最大河流。布纳河自该湖南端注入亚得里亚海。湖岸有很多小村庄，以古老的寺院和城堡闻名。

斯库台湖是阿尔巴尼亚和黑山间的跨国界保护区。阿尔巴尼亚政府已宣布斯库台湖在阿尔巴尼亚部分及湖周围的495平方千米的面积将受到保护，加上已受到保护的黑山境内斯库台湖部分，这创造了一个跨越黑山和阿尔巴尼亚边界、覆盖900平方千米面积的重要保护区。跨国界保护的斯库台湖是地中海地区最大的淡水湖水域，标志着世界自然保护联盟及巴尔干半岛上的国际合作伙伴们在跨国界保护工作上取得了成功。

第五节　自然资源

从自然资源方面看，黑山资源相对匮乏，农业发展程度非常有限。但是黑山蕴藏了丰富的矿产资源，如煤炭、铝土矿。黑山约有铝土矿石3 600万吨及3.5亿吨褐煤。原始森林和林地占黑山总面积的54%（743.60公顷）。从林地总面积来看，森林覆盖面积为620.872公顷，生长林地覆盖面积为122.737公顷；国有林地为500.041公顷，私有林地为243.568公顷。

地质基础、景观、气候和土壤的多样性以及黑山在巴尔干半岛和亚得里亚海的区位因素为黑山生物资源的多样性创造了条件，黑山是世界生物多样性研究的"焦点"国家。黑山地区的生物种类单位指数的数量为0.837，是欧洲国家所记录的最高指数。迄今为止，已经被发现和有生物描述记载的黑山淡水藻类已有1 200个生物种，在各生物种之下的具体品种则更加繁复。黑山植物区系已经发现和记载的有3 250个生物种。黑山境内的斯库台湖是淡水鱼最重要的栖息地之一，斯库台湖也是巴尔干半岛最大的淡水湖，其中已发现的有40种淡水鱼，包括从海洋迁移到淡水生态系统的物种，如鳗鱼和鲱鱼。斯库台湖国家公园也是欧洲最大的鸟类保护区之一，自1989年以来一直是重要的鸟类研究区。

除了水生生物，黑山境内的陆地生物多样性在欧洲地区同样首屈一指。目前，黑山共详细记录了有38个属56个种（18种两栖动物和38种爬行动物）和69个亚种的陆地生物。这些陆地生物主要集中在洛夫琴山和普罗科莱涅的山区，这两片山区是黑山两栖动物和爬行动物活动最为频繁的地区。黑山还拥有526种鸟类，有333种长期栖息于黑山。其中，204种鸟类遍布在黑山全国。此外，黑山拥有欧洲最后一批鹈鹕，珍稀物种达尔马提亚鹈鹕也是国家公园斯卡达尔湖的标志。

第六节　行政区划

黑山首都设在波德戈里察，全国共有21个市，23个行政区。21个市分别为波德戈里察、安德里耶维察、巴尔、贝拉内、比耶洛波列、布德瓦、采蒂涅、达尼洛夫格勒、新海尔采格、科拉欣、科托尔、莫伊科瓦茨、尼克希奇、普拉夫、普列夫利亚、普卢日内、罗扎伊、沙夫尼克、蒂瓦特、乌尔齐尼、扎布利亚克。由于黑山人口密度较低，一般一个市即一个行政区，但是出于特殊的行政管理原因，黑山在贝拉内市和普拉夫市分别增设了古西涅和佩特尼卡行政区，故黑山共有21个市，23个行政区。

一、波德戈里察

波德戈里察是黑山的首都和最大的城市，位于黑山中部，是黑山的政治、经济、文化和教育中心。

莫拉查河是流经波德戈里察最大的河流，它为首都雕刻出了一条20米深的峡谷。波德戈里察虽地处于黑山这个多山国家，但却位于黑山境内肥沃的泽塔平原，距离斯库台湖仅15千米，这样的地形优势促使大量人口在此地聚居。

波德戈里察沿湖地区为地中海气候，其他大部分地区属于温带大陆性气候，夏季最高温可达40℃，冬季最高温约10℃。这座城市距离亚得里亚海约35千米，鲁米亚山将斯库台湖盆地和波德戈里察地区与海洋分开，海洋气流难以越过高山。波德戈里察年平均降水量为1 600毫米，每年约有135天的温度超过25℃，中等日照温度为15.6℃。每年下雨天数约为120天，强风大约为每秒60米。

波德戈里察的建筑风格属于混合型，体现了城市和国家的动荡历史。随着接连的革命，相应的风格也被引入城市建筑。波德戈里察最古老的城区有许多土耳其建筑，最典型的是两座清真寺、一座土耳其钟楼和狭窄而蜿蜒的街道。后来，城市中心转移到了里布尼察河的另一岸，那里的城镇以欧洲的风格为主，拥有更宽广的街道。此地在今天被视为波德戈里察的市中心，被称为"新城"。

黑山独立后，开始对城市进行重建。波德戈里察对城市的公共空间改造和设计进行了大量投资。城市修建了许多全新的广场和公园，并恢复了大量的古迹。新的地标性建筑包括基督救世主大教堂和千禧桥，它们是波德戈里察建筑的主要特色。

虽然按照欧洲标准计算波德戈里察只是中等规模的城市，但它是黑山最大的城市，将近三分之一的黑山公民居住在这里。

波德戈里察的公共交通有11条城市线路和16条郊区公交线路。公共交通工具面临出租车服务的竞争，出租车是当地非常受欢迎的出行工具。波德戈里察有超过20家出租车公司，有接近800辆出租车，激烈的竞争使得出租车价格比较低廉。通常，出租车公司提供的服务水平较高，具有相对较新的统一车队和GPS系统。波德戈里察也是黑山铁路和公路运输的枢纽城市，交通便利。黑山的道路，特别是那些连接波德戈里察到黑山北部和塞尔维亚之间的路面状况，通常不如现代其他欧洲国家的道路。黑山规划中的主要高速公路项目，如北部边界至巴尔的高速公路和亚得里亚海至洛里安岛的高速公路，都从波德戈里察附近通过。2011年，波德戈里察还建成了一条新的辅路，从黑山的北部出发，穿过市中心至黑山南部。波德戈里察机场有定期飞往贝尔格莱德、布达佩斯、苏黎世、法兰克福、卢布尔雅那、巴黎、罗马和维也纳等地的航班。

波德戈里察不仅是黑山的行政中心，也是黑山的主要经济引擎城市。黑山的大部分工业、金融业和商业机构都布局在波德戈里察。第一次世界大战前，波德戈里察的大部分经济来源以对外贸易和小规模制造业为主，这是奥斯曼土耳其帝国长期统治期间建立的经济模式。第二次世界大战后，波德戈里察成为黑山的首府，进入了快速城市化和工业化的时代。波德戈里察发展了炼铝、烟草加工、纺织、工程、车辆生产和葡萄酒生产等行业。1981年，波德戈里察的人均国内生产总值是南斯拉夫联邦平均水平的87%。到现在为止，波德戈里察仍然是黑山贸易出口和工业总产出的主要贡献城市。20世纪90年代末，波德戈里察的发展很大程度上受益于黑山政府的投资和服务业的集聚。波德戈里察同时还是黑山证券交易所和其他主要国家金融机构在黑山的主要所在地,电信运营商、媒体、航空公司等重要机构和公司均设立在波德戈里察。波德戈里察的经济在2000年末的衰退中长期停滞,这对黑山经济造成了严重的打击。在黑山2014年公民薪资发放调查中,全国大约47%的薪资数额是由波德戈里察的企业支付。2014年5月,波德戈里察的平均每月人均净薪资为509欧元。

二、巴尔

巴尔是黑山最大的港口城市,人口约2.9万,是黑山最重要的海运通道。巴尔湾濒临亚得里亚海,港内可停靠万吨级油轮,并有轮渡从港口通往意大利的巴里,宜人的气候使巴尔成为避暑胜地。巴尔城边有一棵欧洲最古老的橄榄树,已有2 600多年树龄,是当地地标性植物。巴尔的建筑也体现了多种文化与宗教影响的融合风格。从1952年开始,黑山将巴尔作为现代化港口进行规划。

巴尔位于亚得里亚海岸东岸、黑山南部,距离黑山首府波德戈里察约53千米,东部是黑山境内最大的斯库台湖。巴尔的气候属地中海气候,每年有将近88天风从亚得里亚海吹来且多数是在冬季。从海面吹来的西南风较为柔和,使得冬天的巴尔不会过于寒冷和干燥。1月最高气温为12.3℃,最低气温4.3℃,冬季平均温度约为10℃,受地中海气候的影响,降水更为充沛。由于濒临亚德里亚海,巴尔夏季气候凉爽,7月平均温度约28℃,最低温度18℃。夏季降水较少,7月平均约有4天时间降水,且少于40毫米。巴尔每年约有216个晴天,平均每年有2 523个小时的阳光照射,12月约有111.6小时阳光照射,7月日照时间约350.3小时。

巴尔沿岸多橡树、月桂树、桃金娘、夹竹桃、山楂、芦荟和芦笋等植物。巴尔北部的山上有橡树和山毛榉。橘子、橙子、柠檬、石榴、橄榄、葡萄和无花果等水果均可在巴尔生长。巴尔毗邻的斯库台湖附近有丰富的鸟类和陆地动物生活。

巴尔有一条前往意大利东部海港巴里的轮渡线。在某些适航季节,渡轮也可前往意大利的安科纳。除了与国外港口的交通线路外,巴尔与黑山内陆城市以及黑山其他沿岸城市的交通也十分便捷。索济纳隧道于2006年完工，将巴尔与波德戈里察的交通路线里程缩短至50千米。亚得里亚海高速公路将巴尔与其他国家的沿海城镇相连，该高速公路从乌尔齐尼延伸至新海尔采格，最终通向克罗地亚。巴尔也是贝尔格莱德—巴尔铁路的终点站，该铁路线连接了巴尔、波德戈里察、黑山北部城市和塞尔维亚。巴尔距离波德戈里察机场约40千米。巴尔的经济发展依靠巴尔港、贝尔格莱德—巴尔铁路和索济纳隧道。

巴尔的港口区域海岸线长约3 100米，土地面积约8平方千米，水域面积约2平方千米，每年能够承载500万吨货物进出。1976年，贝尔格莱德—巴尔铁路开通，这条铁路使得塞尔维亚和本国游客方便快捷地到达巴尔。

黑山的亚热带文化研究中心坐落于巴尔，成立于1937年，是黑山最古老的科学机构。除了港口贸易和农作物加工，旅游业也是巴尔经济的主要组成部分。巴尔的旅游业围绕海滩开展，尽管巴尔本身有一些优美的石滩，但多石头地形不利于海边休闲度假，所以许多游客选择巴尔市内的其他小镇作为沙滩旅游的目的地，特别是苏托莫雷小镇。苏托莫雷拥有美丽的长沙滩，可供游人行走和休闲。巴尔周围的自然区域大部分保持着原来的自然风貌，植被丰富。巴尔一直延伸到斯库台湖的南岸，整个区域适合休闲活动和徒步旅行。巴尔附近分布着较小的居民聚居点，如多布拉沃达、苏托莫雷等，它们拥有绵长的沙滩，是享受日光浴的最佳目的地。

三、科托尔

科托尔是黑山南部海港城市，紧临科托尔湾。科托尔以食品加工业为主，还有造船、机械制造等产业。科托尔还拥有海军学院、海洋博物馆、历史档案馆、疗养院等。

科托尔是亚得里亚海沿岸中世纪古城原貌保存最完整的城市之一，城内有大量的名胜古迹，比如建于1166年的圣特里芬大教堂和城市周围长达4.5千米的古城墙。在佩拉斯特湾沿岸的圣乔尔捷、戈斯帕和什克尔皮耶拉小岛是科托尔附近最著名的旅游目的地。

弗尔马茨隧道连接了亚得里亚海沿岸科托尔等城市，直通黑山内陆。此外，若要前往黑山内陆城市还可以通过亚得里亚海高速公路到达。科托尔与采蒂涅之间还有一条历史悠久的道路，沿路可以欣赏到科托尔湾的壮丽景色。蒂瓦特机场距离科托尔市区约5千米，有飞往欧洲各主要城市的定期航班。科托尔距离波德戈里察机场约65千米，有定期航班到欧洲各主要城市。

四、采蒂涅

采蒂涅建立于15世纪，由于历史上长时间作为黑山的首都，采蒂涅被称为"故都"，目前它也是黑山的次首都和黑山总统官邸的所在地。

采蒂涅占地约7平方千米，平均海拔为671米。距离亚得里亚海仅有12千米，距离斯库台湖有15千米。采蒂涅位于波德戈里察—布德瓦的交通要道上，交通便利。临近亚德里亚海的采蒂涅有着海洋气候和地中海气候，干燥温暖的夏季温度约20℃，温和湿润的冬天温度约2.1℃，年平均气温约11℃。采蒂涅在丰富的水分子沉淀和喀斯特地貌双重作用下，成了欧洲沉积物最多的城市之一，每年约有4 000毫米的水质沉积物。在巨大的沉淀作用之下，采蒂涅地区及其周围地区地表也极少有水流经，水源更是罕见。

虽然波德戈里察是黑山的首府，但采蒂涅是黑山许多国家机构的所在地。黑山总统的官邸也设在采蒂涅，因其墙壁是蓝色而被称为"蓝宫"。采蒂涅是黑山文化部、国家博物馆、国家图书馆、国家档案馆所在地。

五、尼克希奇

尼克希奇是黑山第二大城市，是黑山重要的工业、文化和教育中心。它地处黑山内陆，位于国家的西部，泽塔河在此发源，流经城市南部时由于喀斯特地貌的作用导致水流下渗成为地下河。以往，此地的河流容易造成平原淹没，直到1960年佩鲁奇察水力发电站的建成才解决了这一问题。而水电站的建成也使得城市附近形成三个大型人工湖，分别是克鲁帕茨湖、斯拉诺湖和弗尔塔茨湖。

尼克希奇地形平坦，海拔约640米，位于黑山中北部的尼克希奇平原中心，同黑山大多数地区一样，此处以喀斯特地貌为主。围绕平原四周的是特雷别撒山，尼克希奇就位于特雷别撒山脚下。

尼克希奇属于湿润的大陆性气候，夏季受地中海气候降水较少的干燥趋势影响，7月平均气温约21.1 ℃，1月平均气温约1.3 ℃，平均湿度约68.57%。尼克希奇夏天每天接受阳光直射的时间为2.245小时，夏季温暖适中且不算潮湿，冬天温度适宜阴凉多雨，平均每年约有19天降雪天气。

尼克希奇有着悠久的历史，1455年，奥斯曼土耳其帝国占领了尼克希奇，并将它划为黑塞哥维那省的一部分。在奥斯曼土耳其帝国时期，尼克希奇曾发挥着重要的军事据点作用。1877年俄土战争期间，黑山军队趁机攻克尼克希奇。俄土战争结束后，《柏林和约》承认了黑山对尼克希奇的管辖。在黑山重新管理尼克希奇后，这个当年奥斯曼土耳其统治下的小村庄开始建设并转变成现代化的城市定居点。1883年，第一个城市规划通过，尼克希奇日后的发展基本是基于1883年制定的城市规划蓝图。

在城市发展的同时，文化和经济的繁荣也随之而来。尽管这个城市在世界大战中并没有像波德戈里察那样被狂轰滥炸，但所有的经济发展都因战争而停止了。直到1944年黑山地区摆脱轴心国军队的占领后，尼克希奇才成为最具活力和经济发展潜力的城市，城市人口骤然增加了10倍，尼克希奇成为黑山工业区。城市蓬勃发展下，钢铁厂、铝土矿、电力厂、啤酒厂和木材加工业都在尼克希奇建立起来。然而，作为黑山主要的工业城市，尼克希奇在20世纪90年代黑山爆发的严重经济停滞和衰退期间也受到过重大打击。

尼克希奇地区自古以来就已经有了人类居住的痕迹，但该市目前大多数的建筑源自现代化的城市设计。奥斯曼土耳其帝国在该地区的长期统治对其产生了压迫，但该市仍然保留了其建筑遗迹，成为宝贵的文化遗产。

尼克希奇与波德戈里察均是黑山最大的工业中心之一。钢厂、铝土矿厂、特雷别撒啤酒厂等著名的产业都集中在这个城市。这些大行业曾在经济崩溃背景下经历了长期的停滞,但目前已经复苏。这些产业的私有化进程大多已经完成,还有一些行业的私有化尚在进行中。在南斯拉夫社会主义联邦共和国的时代,这些行业需要大量的工人进行生产。而今,随着能源结构的转变和黑山的独立,尼克希奇的经济正在慢慢向服务密集型的行业发展。

第二章 简史

公元6世纪末至7世纪初，斯拉夫人的一支移居到巴尔干半岛，此时黑山地区尚未出现独立国家。直至9世纪，融合了伊利里亚人的斯拉夫人在黑山地区建立"杜克列亚"国家。11世纪，"杜克列亚"改称"泽塔"，并在13世纪并入塞尔维亚，成为塞尔维亚的行政省。15世纪，奥斯曼土耳其占领现波德戈里察及其以北地区，泽塔王朝灭亡。1878年，柏林会议承认黑山为独立国家，1910年黑山王国建立。第一次世界大战结束后，黑山并入"塞尔维亚—克罗地亚—斯洛文尼亚王国"（1929年改称"南斯拉夫王国"）。1941年第二次世界大战爆发，德、意法西斯入侵并占领南斯拉夫王国。1945年，南斯拉夫人民赢得反法西斯战争胜利。同年11月29日，南斯拉夫联邦人民共和国宣告成立，1963年改称南斯拉夫社会主义联邦共和国。

1945年，作为南斯拉夫联邦的一部分，黑山社会主义共和国成立。1992年南斯拉夫社会主义联邦共和国解体，塞尔维亚与黑山联合组成南斯拉夫联盟共和国（2003年2月4日更名为"塞尔维亚和黑山"）。2006年5月21日黑山举行独立公投，独立派以55.5%的微弱优势险胜。6月3日，黑山国会正式宣布独立，恢复其在第一次世界大战之前的独立地位。6月22日，塞尔维亚与黑山正式建立外交关系。6月28日，第六十届联合国大会一致通过决议，接纳黑山为联合国第一百九十二个成员国。

第二章 简史

第一节　古老的杜克列亚

公元前3世纪，黑山地区因为先民伊利里亚人被古罗马征服而成为伊利里亚省的一部分。古罗马帝国在公元4世纪分裂为东、西罗马帝国后，实力衰减，难以控制曾经的疆域，哥特人便在此时接管了伊利里亚地区。而后，强大的拜占庭帝国皇帝查士丁尼一世又征服了这一地区。在此阶段，黑山地区尚未出现统一的民族国家。直至公元6—7世纪，斯拉夫人的一支越过欧洲中部的喀尔巴阡山移居巴尔干半岛，与当地的伊利里亚人相融合，新的民族观念和独立国家意识的崛起，使得此地的斯拉夫人与伊利里亚人终于在公元9世纪第一次在黑山地区建立了杜克列亚国家。

一、早期的杜克列亚

古老的杜克列亚国家领土在如今的黑山东南部，它西起科托尔湾，东临博亚纳河。南部泽塔河和莫拉查河则为杜克列亚提供了充足的水源。

杜克列亚在6世纪时是阿瓦尔人和斯拉夫人的冲突地带，但到了7世纪，该地区被斯拉夫人占领。杜克列亚作为一个群山地区，在当时主要起到了收容前斯拉夫"难民"的作用。沃斯拉维奇王子（768—814年）是著名的塞尔维亚君主，他统治着世袭来的领土，并联合其他的省和部落一起成立了塞尔维亚公国。到弗拉斯提米尔统治时，疆域已经覆盖了塞尔维亚西南部、波斯尼亚和黑塞哥维那东部，远超今天的黑山范围。后来杜克列亚疆域持续扩张，并与拜占庭帝国联合，这使得其他巴尔干半岛的国家感到危机四伏，开始从军事上遏制和打击杜克列亚的扩张。公元960年以后，塞尔维亚分解成了几个公国，杜克列亚第一阶段的王朝结束了。

二、杜克列亚的崛起

自公元6世纪后，拜占庭帝国统治了保加利亚、塞尔维亚、杜克列亚和波斯尼亚。在拜占庭帝国的统治之下，塞尔维亚将政治中心从内陆转向了沿海，成了一个"重新崛起的以杜克列亚为中心的塞尔维亚"。公元1030年之后，达尔马提亚、泽塔等地的执政官、君主们领导塞尔维亚人开始反抗拜占庭帝国的统治。1034年，弗拉狄米尔的侄子趁拜占庭帝国皇位交替之时夺取了杜克列亚，拜占庭帝国派出军队镇压杜克列亚的叛乱，然而，杜克列亚人在斯凡特·沃伊斯拉夫的领导下在高山之间与拜占庭军队展开了游击战，最终，拜占庭军队败退，杜克列亚再次独立。1042年，拜占庭军队再次由斯拉夫人组成的军队进攻杜克列亚，仍然被击退。杜克列亚在抗击拜占庭侵略的军事斗争中不断取得胜利，同时也扩大了杜克列亚的疆域，巩固了杜克列亚王国的地位，杜克列亚毫无疑问在当时成了斯拉夫国家的核心。

杜克列亚国王沃伊斯拉夫死于约公元1043年，他的儿子米海罗于1046年继承了王位。米海罗通过与拜占庭王室通婚使得杜克列亚王国与拜占庭帝国建立了友好的外交关系。不仅如此，米海罗让儿子康斯坦丁·博丁迎娶了法国诺曼国王的女儿，也建立了稳固的外交。1060年左右，米海罗从拜占庭帝国手中攻取了塞尔维亚，并派儿子去管理。1072年，他又派出儿子博丁带领军队支持马其顿地区的斯拉夫人独立运动，在这场军事行动成功之后，博丁成为保加利亚地区的统治者。1077年，教皇授予米海罗为斯拉夫国王的地位。

1081年，米海罗去世，他的儿子博丁因为功勋卓著继承了皇位。这时，法国诺曼人袭击了达尔马提亚，拜占庭帝国要求博丁派军援助，但博丁希望诺曼人和拜占庭帝国在战争中互相削弱军事实力，从而减少对杜克列亚的威胁，故未采取任何行动，拜占庭最终战败。博丁通过对塞尔维亚以及波斯尼亚等地的军事打击和游说，不断地取得胜利，博丁自称为"杜克列亚和达尔马提亚国王"。1085年，拜占庭在和诺曼人的战争中占领上风。1101年，随着博丁的去世，塞尔维亚、波斯尼亚等地纷纷摆脱了杜克列亚的隶属国身份。

三、杜克列亚的衰落

博丁死后，杜克列亚陷入了皇位争夺的混战中。最终，博丁同父异母的兄弟多巴罗斯拉夫二世取得了杜克列亚的皇权。鉴于杜克列亚虚弱的国力，拜占庭帝国企图干预杜克列亚的政务，派出了被放逐的皇室成员回到杜克列亚重新争夺皇位。经过几场政局的动荡，两败俱伤的贵族争斗使得杜克列亚的实力和凝聚力不断削弱，从而沦落为拜占庭帝国的一个非独立公国，并且逐渐地丧失了对黑山和塞尔维亚地区的控制，后期，杜克列亚的疆域仅仅剩下科托尔至乌尔齐尼一条细小的海岸地带。

11世纪，"杜克列亚"改称"泽塔"。至1166年，绝大部分的杜克列亚地区都被塞尔维亚公国占领。1186年，杜克列亚并入塞尔维亚，成为塞尔维亚的一个行政省。14世纪时，奥斯曼土耳其帝国再一次向西入侵巴尔干半岛。到了15世纪，奥斯曼土耳其帝国占领了现波德戈里察及其以北地区，泽塔王朝灭亡。但黑山人在随后的五个世纪里始终与奥斯曼土耳其帝国进行着不屈不挠的斗争，奥斯曼土耳其帝国始终未能完全占据黑山。

第二节　两次世界大战中的黑山

一、黑山再次复国的机缘——俄土战争

1851年，黑山再次从政教合一的国家转变为世俗公国。1876年，俄国与奥斯曼土耳其帝国为了争夺高加索、克里米亚、巴尔干半岛以及黑海地区的控制权爆发了战争。事实上，这也不是俄土之间第一次发生军事冲突，在此之前，两国之间军事行动已经发生过多次，其中，1877—1878年的第十次俄土战争最为关键。

俄土战争的起因是从13世纪起，奥斯曼土耳其帝国凭借强大的军事实力在亚非欧展开了数个世纪的领土和影响力扩张行动，俄国也遭其入侵。此时，中欧与南欧小国的民族意识觉醒，开始谋求民族和国家独立，俄国依靠这些受奴役和同样信奉东正教的中南欧国家反对奥斯曼土耳其帝国在亚洲大陆西部、欧洲东南部和非洲北部的扩张，力图在巴尔干半岛和高加索巩固自己的势力范围。俄国此举既保卫了主权，又捍卫了黑海出海口。为解决"东方问题"，俄国与奥斯曼土耳其帝国长期进行军事较量。俄土战争先后进行了241年，是欧洲历史上最长的系列战争。不仅俄土两国直接交战，英国、法国、波兰、奥地利、塞尔维亚、黑山、罗马尼亚、保加利亚等国均有参与。1878年1

月30日，俄军在斯科别列夫的统率下，兵临奥斯曼土耳其帝国首都君士坦丁堡城下。1878年3月3日，双方在圣斯特凡诺正式签订条约，奥斯曼土耳其承认罗马尼亚和塞尔维亚独立，保加利亚则成为俄国管辖下的自治国家。俄土战争后，奥斯曼土耳其帝国一蹶不振，俄国不仅扩大了疆土范围，还树立了在中欧、东欧、南欧的威信。

由于英国和奥匈帝国对于《圣斯特凡诺条约》中的规定不满，它们反对俄国掌控中南欧局势并在巴尔干半岛建立大斯拉夫国家保加利亚，于是，战胜国为了重建巴尔干半岛的秩序，奥匈帝国提议重新审定和修改条约，英国则以武力使俄国屈服参加会议。1878年6月3日，在德国柏林召开了会议，史称"柏林会议"，这次会议长达十年，同时是瓜分非洲殖民地的动员会议，对日后非洲地区也产生了巨大影响，故又称"柏林西非会议"。德国首相俾斯麦代表德国向各国发出邀请。在柏林会议上，关于巴尔干半岛的安排通过《柏林和约》实现以下几项：

（一）《柏林和约》正式承认塞尔维亚、黑山、罗马尼亚独立，但须分担土耳其的债务。

（二）保加利亚划为三部分：马其顿地区仍属土耳其管辖；巴尔干山脉以南建立一个土耳其的自治省，称为东鲁美利亚，该省总督应为基督教徒；保加利亚公国的领土只限于巴尔干山脉以北地区，有权选举自己的王公，但需经土耳其等国的同意。这一安排使俄国在《圣斯特凡诺条约》中意图打造一个独立的大保加利亚斯拉夫国家的愿望覆灭。

（三）波斯尼亚和黑塞哥维那仍属于土耳其统治，但奥匈帝国有驻军权和行政管理权。

根据1878年7月13日签订的《柏林和约》，1881年，罗马尼亚宣布独立；1882年，塞尔维亚宣告独立；1908年，保加利亚获得自治权；1910年，黑山王国成立。为庆祝黑山王国成立，黑山正式将7月13日定为"国庆日"。《柏林和约》使黑山获得了来之不易的独立，同时，也使巴尔干半岛复杂的局势和关系更加微妙。

第二章 简史

二、两次世界大战对黑山的影响

（一）第一次世界大战对黑山的影响

在1389年的6月28日，塞尔维亚被奥斯曼土耳其帝国征服，这一天被塞尔维亚人视为国耻日。而1914年6月28日，奥匈帝国皇储斐迪南大公夫妇却在当天去萨拉热窝参与阅兵视察，奥匈帝国选择这个日子意在向巴尔干的斯拉夫人进行警告和施压，可是就在这一天，奥匈帝国的斐迪南大公夫妇被塞尔维亚青年加夫里若·普林西普枪杀，这一事件成为第一次世界大战的导火线。

一个月后，奥匈帝国在德国的支持下，以"萨拉热窝事件"为借口，向塞尔维亚宣战。接着德、俄、法、英等国相继投入战争。交战的一方为同盟国的德国和奥匈帝国，以及支持它们的奥斯曼土耳其帝国和保加利亚。另一方为协约国，有英国、法国和俄国以及支持它们的塞尔维亚、比利时、意大利、日本等国。原属同盟国的意大利，考虑到利害的关系，加入了协约国方面作战。日本以1902年缔结的"英日同盟"为借口，于1914年对德国宣战，并迅速占领德国在中国山东的势力范围。1915年9月，保加利亚与德国和奥匈帝国签订秘密协议，进攻塞尔维亚。黑山加入协约国作战，并与塞尔维亚并肩抵御巴尔干地区同盟国的进攻。同年10月，保加利亚派出6个师的强大兵力向塞尔维亚以东发动进攻，同时，德奥同盟军集中14个师从东北方向夹击塞尔维亚北方，尽管得到黑山的军事支持，塞尔维亚终因寡不敌众以及军备的落后，放弃了贝尔格莱德。黑山最终也于1916年2月向奥匈帝国投降。到了1918年，第一次世界大战的局势已经趋于明朗，1918年11月11日，《贡比涅森林停战协定》的签订宣告了历经四年零三个月的第一次世界大战结束。

第一次世界大战对巴尔干半岛的局势产生了巨大的影响，黑山也受到了波及。由于巴尔干半岛主要是由斯拉夫民族构成，因此，自19世纪民族解放运动兴起，巴尔干半岛上的南部斯拉夫民族意识到分崩离析的小国各自为政难以抵御强国的侵扰，因此，它们期望能够结成一个强大的共同体，建立统一的民族国家。

1905年起，著名的新闻记者苏皮洛就曾为斯拉夫民族的团结协作而奔走斡旋。第一次世界大战后，他继续为此事努力，终于得到了英、法、意以及塞尔维亚的同意。1915年5月，在巴尔干局势最为紧张的时刻，苏皮洛和著名的政治家特伦比奇在伦敦共同创立了南部斯拉夫委员会，并由特伦比奇出任该委员会主席，这为南斯拉夫建立统一国家奠定了基础。当时，南部斯拉夫委员会经过商议共有两种联合方案：第一，以宗教为划分标准，把南部斯拉夫人中所有的东正教徒都统一于一个政权之下，黑山、达尔马提亚南部、波斯尼亚和黑塞哥维那大部、克罗地亚东部以及匈牙利南部都将并入塞尔维亚；第二，不排斥天主教徒，将东正教和天主教整合，把塞尔维亚人、克罗地亚人和斯洛文尼亚人都联合起来，建立一个真正的南部斯拉夫国家。经过长期酝酿和反复讨论，考虑到团结性以及民族共同性，第二种方案占了上风。1917年7月20日，塞尔维亚首相帕希奇和南部斯拉夫人委员会主席特鲁姆比奇共同签署《科孚宣言》，宣布支持所有塞尔维亚人、克罗地亚人和斯洛文尼亚人组成一个统一的国家。

按照第二种方案，第一次世界大战结束后，1918年12月1日，"塞尔维亚—克罗地亚—斯洛文尼亚王国"正式建立，由南部斯拉夫传统强国塞尔维亚的摄政王亚历山大担任国王，该王国成立后共拥有24万平方千米的土地和1 200万人口，一跃而成为巴尔干地区的一个强国，该国在1922年的巴黎和会上得到承认。至此，独立的黑山王国消失，并入了"塞尔维亚—克罗地亚—斯洛文尼亚王国"。1928年，"塞尔维亚—克罗地亚—斯洛文尼亚王国"更名为南斯拉夫王国。

（二）第二次世界大战后的黑山去向

第二次世界大战爆发后，黑山当时并不是一个独立的国家，它所在的南斯拉夫王国加入反法西斯联盟共同作战。1941年4月6日，德国、意大利和匈牙利组成的轴心国军队入侵南斯拉夫王国。德军最先轰炸了南斯拉夫王国首都贝尔格莱德和其他南斯拉夫王国的重要城市。塞尔维亚等国组成的南斯拉夫王国的军事力量根本无力抵抗德国军队的强大而快速的闪电攻势。1941年4月17日，南斯拉夫王国仅在抵抗11天后便全面溃败，于是南斯拉夫王国派出代表与德军签订了停战协议，放弃了对德军的抵抗。30余万南斯拉夫王国官员和士兵成为德军的囚犯并受到迫害。德军占领了南斯拉夫王国后，为了瓦解南斯拉夫的实力，将其拆分。克罗地亚成为德国的仆从国，驻扎着德国军队成了军事基地；德国军队同时占领了波斯尼亚和黑塞哥维那以及塞尔维亚、斯洛文尼亚的部分地区；保加利亚、匈牙利和意大利占领了其他的南斯拉夫地区。从1941年至1945年，约50万南斯拉夫人被屠杀，25万人被放逐，20万人被迫转信天主教。1942年11月25日，南斯拉夫反法西斯自由委员会在波斯尼亚和黑塞哥维那成立。1943年11月29日，该委员会再次召集会议，商议战后南斯拉夫的国家政权组织，并确立建立联邦形式的国家。这一天在日后也成了南斯拉夫联邦国庆日。南斯拉夫王国最终在1944年将轴心国军队驱逐出塞尔维亚。1945年，南斯拉夫境内其余的轴心国军队也相继撤退。在第二次世界大战后期，南斯拉夫军队甚至占领了意大利、匈牙利等国的部分地区，但最终又放弃了占领。据1980年南斯拉夫历史学家的统计，在第二次世界大战中，南斯拉夫共牺牲了170多万人。

第二次世界大战结束后，1945年11月11日，南斯拉夫境内的共产党组织举行了全国投票选举。同年11月29日，虽然南斯拉夫王国的国王彼得二世已经被放逐，但仍然被投票废黜，南斯拉夫联邦人民共和国宣告成立。1963年南斯拉夫联邦人民共和国改名为南斯拉夫社会主义联邦共和国，仿照苏联的宪政模式，南斯拉夫社会主义联邦共和国宪法确立了联邦是由六个共和国和两个自治省组成的国家，联邦首都设在贝尔格莱德。

至此，黑山成为南斯拉夫联邦的一个共和国。

第三节　第二次世界大战后黑山的独立之路

一、南斯拉夫社会主义联邦共和国的解体与南斯拉夫联盟共和国的诞生

随着第二次世界大战之后欧洲工业的复兴，南斯拉夫在美国的援助下经济发展迅速。到了1970年左右，由于国际油价的骤然上升，美国与欧洲同时陷入了再一次的经济危机之中。依赖美国援助和欧洲资

本的南斯拉夫由于大量引进和借入欧洲和美国资本，经济和社会危机也随着美国与欧洲资本链条的断裂而爆发，南斯拉夫联邦内的一些共和国和自治省已经逐渐希望自力更生，联邦政府的集权控制也因铁托元帅的去世而削弱。铁托去世后，南斯拉夫境内的民族关系开始紧张起来。

1986年，塞尔维亚的学术组织开始关注到塞尔维亚在南斯拉夫的中心地位已经逐渐衰弱，并希望回到1974年以前的状态。在一系列的民族斗争和主权独立运动后，1991年，斯洛文尼亚和克罗地亚率先脱离南斯拉夫联邦独立。1991年9月，马其顿共和国宣布独立。1992年4月，欧洲国家承认了波斯尼亚和黑塞哥维那的独立。

1992年4月28日，黑山和塞尔维亚组成南斯拉夫联盟共和国，南斯拉夫联邦彻底解体。黑山与塞尔维亚成立的南斯拉夫联盟共和国希望能够继承南斯拉夫社会主义联邦共和国的国际法地位，但联合国对于黑山与塞尔维亚继续以南斯拉夫社会主义联邦共和国的名义行事这一要求予以否认。后来，南斯拉夫联盟共和国放弃了上述愿望，并于2000年11月1日以南斯拉夫联盟共和国的身份加入联合国。

二、现代黑山的独立

（一）名存实亡的南斯拉夫联盟共和国

1992年，黑山和塞尔维亚组成南斯拉夫联盟共和国，并制定了宪法，确定了新成立的南斯拉夫联盟的合法性、政体以及国体。黑山和塞尔维亚将国旗进行了更换，原先的红色五角星被移除，取而代之的是双头鹰。2003年2月4日，南斯拉夫联盟共和国议会通过《塞尔维亚和黑山宪章》，改国名为塞尔维亚和黑山。

从1996—2006年，黑山和塞尔维亚名义上虽然是一个国家，但实际上，它们各自都有着绝对高度的自治权，各自掌握着自己地区的经济政策制定权，使用不同的货币（黑山使用欧元，塞尔维亚则有自己的通货），南斯拉夫联盟本质上只是一个松散的联邦，它们只有在共同防御时才联合在一起。由于黑山和塞尔维亚各自为政的行事风格，联邦已经名存实亡。

第二章 简史

（二）黑山独立公投与独立

2006年5月21日，黑山进行了独立公投。根据欧盟的规定，黑山独立具有较大的争议，因此，支持独立的人数应当超过投票人的55%。最终，在公投中，有55.5%的人支持黑山独立，黑山独立派以0.5%的微弱优势获得了民众的支持。5月23日，独立公投的结果被联合国安全理事会的常任理事国认可，这意味着黑山独立的结果一经公布就能够获得国际上的普遍支持。5月31日，黑山独立公投委员会正式确定了公投的结果，经核对有55.5%的黑山民众支持黑山独立。6月3日，黑山议会正式宣布黑山独立。针对黑山的独立宣告，塞尔维亚政府也发布声明，宣布塞尔维亚是塞尔维亚和黑山国家的国际法主体地位继承者，政府和议会将尽快制定宪法以应对国家发生的重大变故。6月22日，塞尔维亚和黑山正式建立外交关系。6月28日，第六十届联合国大会一致通过决议，接纳黑山为联合国第一百九十二个成员国。在黑山宣布独立后，俄罗斯、欧盟、美国、中国等世界主要国家相继宣布承认和尊重黑山独立的结果。

至此，距离独立的"杜克列亚"国家近千年以后，2006年6月3日，一个"年轻"而现代的黑山再次以独立的面貌屹立于世界之林。

第三章 政治

第一节 国家标志

（一）国名和国旗

黑山在黑山语中即"黑色的山"，是以其境内的洛夫琴山体的颜色得名。黑山的国旗并非独立后才设计，而是自2004年7月12日便已开始使用。黑山国旗是长方形，按照长宽比2∶1制作，国旗中的王冠体现了黑山曾经是君主制的一面。黑山国旗是红色旗面，四边镶有金边，中央为双头鹰，鹰胸前的金狮子是黑山古王朝的象征。

（二）国徽

黑山国徽为一头金色振翅的双头鹰，鹰胸前的盾上绘有一只狮子。鹰头上有王冠，鹰的两爪分别持王位球和权杖。国徽图案始于

1481年。后来，黑山与其他国家合并为南斯拉夫王国时改用南斯拉夫王国的国徽。南斯拉夫联邦解体后，黑山恢复使用双头鹰国徽。

(三) 国歌

2006年黑山宣布独立后，黑山将国歌定为《啊，五月的清晨》。这首歌原来是流行在黑山地区的民歌。2006年，黑山宣布独立后，该歌重新被定为国歌。

黑山国歌中文大意为：

"啊，五月的清晨，我们的母亲黑山，

我们是你山岩的子弟，是你荣誉的保卫者，

我们爱你，巍峨的山地，

你那岿然的峡谷，从来也不屈从捆绑奴隶的锁链，

当我们长上翅膀，飞向洛夫琴山顶，

定会骄傲地庆祝，

我们亲爱的祖国，我们波涛的大河，

流向两个海洋，将我们的声音带给大洋，

黑山会永存。"

黑山国歌的歌词铿锵有力，表达了黑山人民抵抗暴行维护国家和平的决心。

第二节　宪法

南斯拉夫社会主义联邦解体后，黑山与塞尔维亚结成南斯拉夫联邦共和国，并于1992年制定了宪法。1992的南斯拉夫联邦共和国宪法一直适用到2002年，之后塞尔维亚与黑山各自制定宪法，在黑山独立后，2002年宪法被2007年宪法取代。2007年10月19日，黑山立宪议会召开临时会议商议宪法草案是否能够施行，临时会议争论十分激烈。最终，经过76名议员投票，有55人投了赞成票，最终以三分之二的绝对多数通过了黑山现行宪法。2007年10月22日，黑山现行宪法正式公布实施。

2007年通过的黑山宪法适用至今，宪法确立了如下几项重要

内容：

（一）宪法重新确立了黑山是一个保护公民权利、民主的、社会公平正义和环境友好的主权国家。

（二）宪法的序言申明了黑山是一个由黑山族人、塞尔维亚族人、波斯尼亚族人、阿尔巴尼亚族人、克罗地亚族人以及其他民族共同组成的国家，这些民族无论人口多少，都平等地享有黑山赋予的公民权，并应当忠诚履行对国家的义务。

（三）宪法对黑山的官方语言做了更改。在此之前，塞尔维亚语是黑山的官方用语，黑山新宪法确定黑山语是黑山的官方用语，但同时也肯定塞尔维亚语、波斯尼亚语、阿尔巴尼亚语以及克罗地亚语是通用语言，斯拉夫字母和拉丁字母的书写同黑山文字一样具有平等的法律效力。这意味着在黑山，无论是以黑山文字、斯拉夫文字抑或拉丁文文字撰写的文书，皆有法律效力。

（四）宪法确定了黑山的国旗、国徽、国歌。

（五）宪法规定黑山的公民，即使被引渡到其他国家，仍然具有黑山国籍，不属于难民。根据黑山参加的国际条约另做规定的除外。

（六）宪法确定黑山是一个政教分离的国家。

（七）宪法确定了黑山国家政体采用总统共和制，总统的一届任期为五年，最多可连续担任两届，参选黑山总统的公民，需在黑山居住满十年。

第三节　议会

议会通常有两院制和一院制，由于黑山人口较少，考虑到效率与便捷程度，黑山议会采用一院制。

黑山议会中议员的数量采用比例制，各政党按照党员数量的一定比例在议会中拥有一定比例的议员席位。议员的总数按照每6 000选民中产生一个议员来确定，因此议员总数并非固定不变的。议员选举时，议会在全国设立一个选区，由议会提供一个各地区的议员候选人清单，实行3%的差额选举。议员产生方式是以投票者的平均数决定，但是，如果一个地区的少数族裔人口占15%，当他们的候选议员差额无法超过3%时，可以降低为0.7%。

目前黑山的议会共有81名议员（之前为74名），其中社会主义者民主党占36席，民主联盟占18席，DEMOS占4席，社会主义人民党占3席，联合改革运动占2席，民主黑山党占8席，社会民主党占4席，社会民主者党占2席，波什尼亚克党占2席，阿尔巴尼亚族党联盟占1席，克罗地亚公民倡议党占1席，议员每四年选举一次。

黑山采用议会制的历史由来已久。1905年，黑山公国宪法决定组建公民大会，并于1906年第一次召集会民大会。公民大会在立法权之下行使参政议政权力，但当时尚处于君主制的黑山，公民大会实际上受制于国王的权力。1918年，随着黑山王国并入到塞尔维亚—克罗地亚—斯洛文尼亚王国后，黑山议会被解散，直至第二次世界大战即将结束之时，黑山议会在1944年恢复，当时是以黑山反法西斯民族解放委员会名义召集。之后，黑山公民大会名称改为黑山国民议会，后又改为国民议会，一直持续到1946年。黑山上一次举行议会选举的时间是2016年10月16日，下一次议会选举将于2020年举行。

黑山议会的权力包括以下方面：

（一）任命总统提名的总理候选人以及由总理推荐的各部部长；
（二）审查、通过和公布法律，批准和缔结国际条约；
（三）任命各个法院的法官；
（四）审查和通过国家负债；
（五）议会议员以绝对多数通过不信任动议；
（六）宪法所赋予议会的其他权力。

在黑山议会的各项权力中，立法权是议会的核心权力。

第四节　总统

黑山宪法明确规定黑山是一个政教分离的国家。黑山宪法表明："黑山是一个注重公民权、民主、环境友好的法治社会，任何行为都以法律为准绳。"因此，结合历史因素，为实现黑山理想的民主政治，黑山选用了议会共和制。

议会共和制的特征是议会是国家权力的中心并监督政府行为，政府的产生和存废取决于议会投票，总统仅仅是国家的代表，并无实际权力，行政权主要由总理行使。黑山的总统是国家的首脑，任期每届为五年，每位总统最长可连任两届，在战争时期，总统任期可以延长，黑山总统选举采用直接无记名投票。

根据黑山宪法第八十七条，总统任期期满、被撤销职务或者辞职时应暂停履行总统职务。当宪法法院裁决总统违反宪法条款时，由议会决定撤销总统职务。宪法第八十八条规定了总统的职责，包括对外代表国家形象、公布法律、召集议会选举或投票、向议会提议总理和宪法法院大法官等重要部门的候选人、根据法律实行大赦或者特赦，以及行使其他法律赋予总统的职责。黑山总统的官邸是蓝宫，设在故都采蒂涅。2018的4月15日米洛·久卡诺维奇当选黑山总统。

第五节　政府

一、政府的构成

黑山共和国政府由总理领导的各部组成，是黑山最高行政权机关，也是黑山共和国最高权力执行机构。

根据黑山共和国宪法规定，政府由总理领导，政府对总理负责。政府行为与国家议会职权有关时，政府也应对议会负责。同时，政府活动要遵守宪法和法律。

黑山共和国总统应在议会组成之日起30天内提出总理候选人。总理的候选人应向议会提交他/她的执政方案，并提议政府的组成。议会应同时决定是否通过该执政方案和政府组成提案。

黑山共和国政府组成如下：

（1）总理

（2）副总理——经济政策和金融系统副总理，政治体制、内政和外交政策副总理，地区发展副总理

（3）总秘书处

（4）各部——司法部、内务部、国防部、财政部、外交部、教育部、科学部、文化部、经济部、运输与海运部、农业与农村发展部、

可持续发展与旅游部、卫生部、人权与少数群体保障部、劳工与社会福利部、公共事务管理部、体育部

（5）不管部

（6）独立行政机关——人力资源管理部门、反洗钱和资助恐怖主义部门、公共采购部门、监察部门、碳氢化合物管理部门、资产管理部门

（7）秘书处——立法秘书处、发展项目秘书处

（8）局——数据统计局、水文气象与地震局、教育服务局、计量局、社会与儿童保障局、国家档案馆

（9）国家情报保密处

上述政府机构成员禁止担任国会议员职务，禁止在企业中任职。政府成员可以辞去职务。总理的辞职将导致政府集体辞职，政府需重新组建。总理可以弹劾政府成员。

政府组织、职权、活动程序等，由法律确定。

二、政府职责

根据黑山共和国宪法规定，政府的职责有：

（1）执行黑山内部政策和外交政策；

（2）执行法律、法规和一般法令；

（3）通过法令、决定和其他法律来执行法律；

（4）签署国际协定；

（5）提出黑山的发展计划和空间规划；

（6）提出预算和预算决算；

（7）提出国家安全战略和防御战略；

（8）决定承认国家并与其他国家建立外交和领事关系；

（9）提名黑山共和国驻外大使和外交使团负责人；

（10）执行宪法或法律规定的其他任务。

当议会对政府行为提出质疑时，议会可以对政府投不信任票。对政府的不信任投票提议，由至少27名议员联名提交。如果政府最终获得了信任票，提出不信任提案的议员在90天内不得再次提出不信任投票提案。

对政府工作的某些问题进行审查的提案由至少27名议员联名提

交，采用书面形式，并有正当理由。政府应当自收到通知之日起30天内做出答复。

第六节　司法机关

黑山的司法机关主要是由各级法院组成。黑山的宪法为刚性宪法，因此设有宪法法院负责审查违宪行为，保障宪法的实施。除宪法法院外，黑山还设有最高法院、上诉法院和地区法院、一审法院、行政法院和经济法院等专门法院。

一、宪法法院

黑山的宪法是刚性宪法，具有可诉效力，意味着法院可以按照宪法进行违宪审查和判决。宪法法院现由七名大法官组成，宪法法院的首席大法官任期为三年，从宪法法院七名大法官中选出。宪法法院管辖以下方面的案件：

（一）审查其他法律是否与宪法相违背，确定和公布黑山参与签订的国际条约；

（二）审查其他法规、规章是否与宪法相违背；

（三）当其他法律途径全部穷竭时有关人权和自由的事项，可以向宪法法院上诉；

（四）审查总统的行为是否违宪；

（五）审查行政机构与法院、行政机构与地方自治机关以及地方自治机关之间的职责、权利和义务关系是否冲突；

（六）审查政党和非政府组织是否从事禁止性工作；

（七）议会议员选举或者总统大选中的争议或者独立公投中的争议，由宪法法院管辖，其他法院无权管辖；

（八）审查政府在战争或者紧急情况下的行为是否合宪；

（九）其他由宪法法院管辖的事项。

二、黑山最高法院

黑山实行四级审判,最高法院是层级最高的法院。第二层级为上诉法院,第三层级为中级法院,第四层级为初级法院。它保证各个法院的法律适用达到基本一致。最高法院的院长由法官委员会选举产生,每届任期五年。最高法院并不管辖所有的案件,它的职权仅限于:

(一)审理第三审法院的上诉案件;

(二)审理超出法律救济的法院判决;

(三)审理法官委员会提出的案件;

(四)为了促进程序快捷或者保证实质公正(例如某个法院的法官应当集体回避)以及以其他重大理由,决定移交管辖的案件应由哪个法院管辖;

(五)当发生属地管辖纠纷或者根据属地管辖在某些重要案件中不适合由某地法院管辖时,由最高法院决定由哪个法院管辖;

(六)解决属地管辖下不同类型的案件应由哪个法院管辖,已经由某个法院立案的除外;

(七)处理其他应当由最高法院管辖的事项。

三、黑山上诉法院

上诉法院主要审理不服中级法院判决的上诉案件,上诉法院仅有一个,即波德戈里察上诉法院。

四、黑山中级法院

黑山中级法院审理不服初级法院判决的案件与案情重大的一审案件。中级法院有两个:一个是波德戈里察中级法院,一个是比耶洛波列中级法院。

五、黑山初级法院

初级法院是黑山的基层的法院,它审理民事、劳动以及刑事案件。由初级法院审理的刑事案件是违反刑法并处以罚金或者十年以下有期徒刑的案件,其他的重大刑事案件应由中级法院审理。民事案件主要包括财产、婚姻、家庭、个人权利、著作权等案件以及其他法律规定应由初级法院审理的案件，例如纠正或者回应在媒体上发布的信息争议或者通过媒体侵犯他人的个人权利案件。劳动有关的案件主要是指劳动纠纷、劳资双方的谈判、工会罢工等。黑山境内的大多数普通案件是由初级法院审理，如果对案件第一审的判决不服，可以向中级法院、上诉法院或者最高法院继续上诉。黑山初级法院主要是按照城市设置，共有15个初级法院，分别是巴尔初级法院、贝拉内初级法院、比耶洛波列初级法院、采蒂涅初级法院、达尼洛夫格勒初级法院、新海尔采格初级法院、科拉欣初级法院、科托尔初级法院、尼克希奇初级法院、普拉夫初级法院、普列夫利亚初级法院、波德戈里察初级法院、罗扎伊初级法院、乌尔齐尼初级法院、扎布利亚克初级法院。

六、黑山行政法院与经济法院

黑山行政法院主要处理政府行政行为引发的各类纠纷，主要包括审理当事人不服行政行为而提起的行政行为合法性审查，审理法律规定的其他行政行为的程序合法性审查等。

除了行政法院外，还有比耶洛波列刑事法院和波德戈里察刑事法院处理专门刑事法律纠纷，这两个刑事法院审理的案件主要是违反刑法并处十年以上有期徒刑的刑事案件。初级法院的层级低、因专业性问题难以处理的案件，将移交专门的刑事法院，由专门的刑事法官以及司法鉴定人员处理，这样可以实现刑事案件程序标准的统一化、法律适用的统一，有利于公平、正义、高效、快速地实现争端案件的解决。

由于黑山紧邻亚得里亚海，海运以及对外贸易、港口纠纷频发，而经济类案件的审判虽然隶属民法分支，但它同样具有专业性、复杂性以及特殊性。民事审判追求的是弥补损害以及实质正义，而商业争端的解决注重纠纷处理的方便和快捷，因此，为了促进国内贸易的发展、吸引外资以及加大港口的吸引力，黑山专门设置了经济法院，将商事纠纷从初级法院管辖权中拿出，这样一来，许多在亚得里亚海附近经营海外贸易、货物运输的当事人可以在合同中将纠纷解决的管辖地约定为黑山，在处理商事纠纷的过程中，当事人增加了对黑山司法公正性、效率以及法官专业度的了解，这不仅提升了黑山的司法形象，还使得当事人对于黑山的商业环境产生信赖，成为日后投资黑山的一项重要的考量指标。

第四章 军事

第一节 建军史

一、黑山公国和黑山王国时期的黑山军队

（一）独立武装力量的形成

黑山拥有属于自己独立武装力量的时间最早可追溯到18世纪初。1711年，黑山（当时还是一个城邦）与俄国结盟，并逐步占有了少量的领土。1851年，黑山国初具规模，并被承认成为世俗公国，实力进一步扩大。此后，黑山又以1876—1878年俄土战争为契机，公开向奥斯曼土耳其帝国宣战，夺回大片土地。俄土战后的黑山公国的领土向北延伸至塔拉河，向南延伸至亚得里亚海。同时，黑山公国扩大到波德戈里察、尼克希奇、科拉欣、安德里耶维察、巴尔和乌尔齐尼六大城市，实力进一步提升，并于不久后在柏林会议上被承认为独立主权国家。

黑山在独立主权地位受到公认后，于1880年将本国军队进行重组，每个城市都建立了至少一个后备营，共计设立42个后备营。黑山国王担任黑山军队最高统帅，国防部对军队军事行动进行统一指挥和组织，此外还为军队提供必要的财政支持。

（二）军队改革

1882年，首批共14名黑山人被派往国外士官学校深造。1886年，

14人中的10人完成了学业并返回祖国，成为黑山建军史上第一批受过正规教育和训练的军官。回国后，这些从国外毕业的优秀军官在黑山几个大城市（波德戈里察、尼克希奇和采蒂涅）开课招生，旨在为黑山国培养出更多优秀军官。1895年9月，第一个永久性陆军士官学校在波德戈里察建立，第一批军校学员被授予下士军衔。1896年底，第一个黑山军官学校——炮兵军官学校在采蒂涅建立。

1906年，黑山第一个军队系统化管理规定出台，并于1910年颁布了《陆军组织法》，建立了步兵和炮兵军团。之后，黑山军队种类渐趋多样化：两支专业分支部队（负责侦察与开拓）和另外一些分支部队（医疗、军事车间、军事法庭工作人员、宪兵和后勤）相继建立。1913年，黑山宪兵队从军队体系中划编出来，改组成为特警部队，为国家内部治安提供保障。

截至1912年，黑山王国的领土共划分为四个分区：采蒂涅分区、波德戈里察分区、尼克希奇分区、科拉欣分区。1912—1913年巴尔干战争后又新建两个分区：普列夫利亚分区和佩奇分区。军队共有11个旅、52个团和322个营。每个分区由2～3个步兵旅组成，每个分区司令麾下有3支炮兵分队。第一次巴尔干战争前夕，黑山王国共投入了5.5万名士兵，当时的军事实力不容小觑。

二、第一次世界大战后至独立前的黑山军队

黑山公国时期，黑山参与了1904年日俄战争。战前黑山出人意料地向远在万里之外的日本宣战，并派遣"志愿军"跟随俄军赴远东。黑山王国时期，黑山共参与了三次战争：第一次巴尔干战争、第二次巴尔干战争和第一次世界大战。第一次巴尔干战争时期，黑山与塞尔维亚、希腊、罗马尼亚和保加利亚联合反抗奥斯曼土耳其帝国在巴尔干半岛的统治。第二次巴尔干战争时期，黑山联合塞尔维亚、希腊、罗马尼亚和奥斯曼土耳其帝国共同对抗保加利亚王国，并最终打败保加利亚，使其失去了北部的大量领土（包括色雷斯和马其顿等战略要地）。1914年第一次世界大战爆发后，黑山加入协约国阵营，与俄国并肩作战。其间黑山曾遭遇"身死国灭"的艰难处境（1916年1月黑山曾被奥匈帝国完全占领），百万军民被迫进行"死亡行军"。直到1918年战争结束，协约国取得完胜，奥匈帝国军队撤出，黑山军民才

再次回到自己的土地。

当时,黑山国内存在绿党和白党两股势力,前者主张保持黑山独立,后者则主张并入"大塞尔维亚"。在塞尔维亚的积极运作下,白党在黑山国土光复不到两个月后就制造政变,把年迈的国王尼古拉一世赶下了台,拥立塞尔维亚国王彼得一世为"塞黑共主"。彼得一世继而于1919年加冕为南斯拉夫王国国王。至此,黑山失去了其独立主权地位,国土并入南斯拉夫王国,国内的军事武装力量也被一并纳入南斯拉夫王国。

第二节 兵役制度和军衔制度

一、从征兵制到募兵制

黑山兵役制度经历了由征兵制到募兵制的演变。1918年以前,黑山实行义务兵役制。所谓义务兵役制,是指本国公民在一定年龄段内都必须承担一定期限军事任务的制度,又称征兵制,即国家强制所有年龄合适的国民服兵役。义务兵役制的优点在于士兵服役时间短。招募来的士兵主要以履行国家义务为主,而定期征兵和退伍,使兵员可以经常得到轮换更新,有利于军队兵员年龄结构的合理化,同时也可保证有充足的兵员服役,义务负担公平合理。其不足在于兵员服役时间短,很难全面和熟练地掌握复杂的军事技术与装备,同时训练新兵较为耗时耗力,战时作战的能力也得不到有效保证。在义务兵役制下,军人享受供给制生活待遇,虽然也会得到一些经济津贴,但数额较小,不足以用来养家糊口。当时,黑山所有年龄在18—62岁的公民都是应征对象。征兵工作每三年开展一次,兵源不愁。因此,第一次世界大战前,黑山军队规模远远大于今天,在第一次世界大战期间,黑山军队大约有五万人,人数相当可观。

2006年,黑山再次独立后即取消了义务兵役制,改为志愿兵役制。所谓志愿兵役制,是指国家以雇佣方式招募兵员,又称募兵制。在志愿兵役制下,国家不再强制征召国民义务服兵役,从军变为了一种职业。军人和从事其他职业的人一样,能按时拿到国家给予的薪水，其数额比义务兵的津贴大很多。其优点在于可以使志愿服役者在军队较长时间地服务，有利于军人熟练地掌握使用难度较大的技术装备，对于军队的现代化建设具有重要作用。但它的弊病在于国家不能在战时拥有足够的兵力，不利于后备力量的积蓄，而且军人待遇相对较高，部队开支也会相应增加。

二、军衔制

和很多现代国家一样，黑山军队实行军衔制度管理。军衔制度最早产生于15世纪的欧洲。15世纪以前的世界各国军队中，只有官衔，没有军衔。军衔与官衔的根本区别是把士兵纳入了军队的等级体系，这是一种革命性的进步。

黑山现行的军衔制度类似美国，只是不包含五星上将以及准校两个等级。黑山把军衔分为军官军衔和士兵军衔两类，其中军官军衔包含将官、校官和尉官三类。其中将官包括上将、中将、少将、准将四级；校官包括上校、中校、少校三级；尉官包括上尉、中尉、少尉三级。士兵军衔包含士官和士兵两类。其中士官包含一至三级军士长、上士、中士、下士六级；士兵包含上等兵、一等兵、二等兵三级。尽管军队人数有限，但黑山合理利用军衔制度对其军队进行管理，取得了不错的效果。

第五章 文化

第一节 语言

历史上，黑山一直将塞尔维亚语当作官方用语。2004年，黑山政府更改了学校课程，将语言必修课程的名称从"塞尔维亚语"改为"母语（塞尔维亚语、黑山语、克罗地亚语、波斯尼亚语）"。根据政府的意见，这是为了更好地适应黑山公民使用语言的多样性，并保护黑山非塞族公民的人权。但这一决定导致一些教师宣布罢工，父母拒绝将子女送到学校。受罢工影响的城市包括尼克希奇、波德戈里察等主要的城市。

黑山语在早期并非独立语种，它是塞尔维亚语的变种。将黑山官方语言从塞尔维亚语中分离出来这一提议出现在2006年左右，当时塞尔维亚和黑山组成的松散联盟国家正在分裂，待到2006年黑山正式独立后，2007年10月22日批准的黑山新宪法正式将黑山语作为黑山官方语言。事实上，黑山之所以要建立自己的黑山语，很大程度上是希望黑山能够摆脱塞尔维亚的影响。标准黑山语目前尚在完善中，2009年7月10日，黑山政府公布了黑山语正确拼写法，正字法增加了两个字母，但是，该语法和学校设置的课程尚未获得批准。因此，黑山语的使用方法仍然是有争议的，一些建议的替代拼写只在有限的公众范围内被接受。自2009年以来，这些用语被用于正式文件，但是2017年2月的黑山议会文件以及政府文件中又将这些修改删除了。

2008年1月，黑山政府成立了黑山语言编纂委员会，其目的是根据国际规范修改和完善黑山语言。经议会和政府核实确认后，政府官方的语言规范成为黑山学校教育计划的一部分。第一份黑山语言规范化标准文件草案于2009年7月正式提出。该草案规定除了塞尔维亚—克罗地亚的语言标准外，又增加了ś和ź两个字母来代替sj和zj。但是教育部没有接受黑山语言标准化委员会提供的两份草案，而是通过了其他机构提供的第三份草案。对于黑山修改语言规范这一行为，联合国安理会对此进行批驳，称它是"来自少数群体，其中包含了大量的方法论、概念和语言错误"的语言规范方案。但2010年6月21日，黑山普通教育委员会通过了黑山第一份语法规范文件。大多数主流政治家和其他支持黑山语言官方化的人认为，语言是一个国家自己的问题，人们有权将语言更换为自己想要使用的方式。黑山政府指出："黑山语并不意味着一种系统地脱离原有环境的语言，黑山语一词是黑山语、塞尔维亚语、克罗地亚语和波斯尼亚语的合称。"

黑山语言尚未成熟，它仍然处在一个持续改进的过程中。1991年以前的人口普查中，绝大多数黑山公民（约510 320人，占总人口82.97%）称当时的官方语言是塞尔维亚语。1981年的人口普查也记录了塞尔维亚语是当时黑山多数人常使用的语言。然而，在二战后的第一次普查中，绝大多数人口认为塞尔维亚语为母语。在1909年黑山第一次记录的人口普查情况也是如此，当时黑山公国大约95%的人口宣称塞尔维亚语为母语。根据黑山宪法来看，自1992年以来，黑山的官方语言也是塞尔维亚语。在黑山2011年进行的人口普查中，36.97%的人口（约229 251人）认为黑山语是母语，42.88%（约265 895人）认为塞尔维亚语仍是母语。黑山一个律师事务所的律师米哈特在撰写宪法草案时，建议将黑山语作为黑山的官方语言。当时威尼斯委员会是欧洲各委员会的一个咨询机构，它对黑山宪法草案的制定持积极态度，但没有涉及语言和教会问题，因为这两个问题是一个国家"象征性"的问题，不便干涉。黑山执政的社会民主党和黑山社会主义者民主党不顾黑山社会主义人民党、人民党、民主塞尔维亚党、波斯尼亚党等党派的反对，明确地将该国的官方语言重新确定为黑山语。议会投票结果如下：包括联合改革运动、波斯尼亚自由党、亲塞尔维亚的执政党投了反对票，阿尔巴尼亚少数民族等各方代表投了弃权票，除此之外，赞成宪法的仍占议员人数的三分之二多数。新宪法于2007年10月19日获得批准，宣布黑山语是黑山的官方语言，并承认阿尔巴尼亚语、波斯尼亚语、克罗地亚语和塞尔维亚语是常用语言。根据2014年对1 001名黑山公民进行的民意调查，使用各种语言的人口统计结果如下：41.1%使用黑山语；39.1%使用塞尔维亚语；塞族、黑山族、波斯尼亚族、克罗地亚族使用塞尔维亚语或克罗地亚语的比例均为12.3%；3.9%使用塞尔维亚—克罗地亚语；1.9%使用波斯尼亚语；1.7%使用克罗地亚语。在黑山人口中，不仅黑山族人将黑山语作为母语，根据2011年人口普查，黑山的其他族群也有一定比例的人口将黑山语作为母语，甚至一些黑山的穆斯林也将黑山语作为其母语。

从许多黑山作家的文学作品来看，这些作品使用的语言形式提供了黑山本土语言的范例。中世纪的黑山文学主要是用古老教会语言斯拉夫语以及重读的方式来书写，但到了19世纪，大部分的作品开始用黑山当地的一些方言撰写。这些黑山当地的文学作品由作家乌克和其他一些作家收集，内容包括民间文学以及黑山作家的书籍，例如彼得·涅果什的《山环》、马尔库的《人性与勇敢》，等等。后来到了19世纪下半叶，以标准塞尔维亚—克罗地亚语言为基础的东部黑塞哥维那方言经常被用来代替黑山传统的方言，有很多人还使用泽塔—拉什塔方言。

第二节　文学与艺术

一、文学

黑山的经济虽然不够发达，但政府对文化产业非常重视，经常召开各类传统的诗歌会、文艺表演大赛等，以满足民众的精神文化需求。诗歌朗诵的传统在黑山有着悠久的历史，铿锵有力的黑山文字配上饱含情感的朗诵，常常受到民众的广泛欢迎，各类朗诵会现场气氛也都十分热烈。

黑山的文学事业颇具影响力。在黑山，文学研究活动受到广泛参与，国内存在几百个文学小组。黑山人对文学充满激情，黑山的诗人们留下了壮丽的诗篇，而小说家、散文家也在丰富的情感支配下创作出无数优秀诗篇。

二、音乐

黑山的传统音乐与塞尔维亚传统音乐有着密切联系，以民歌为主，民间音乐中最重要的部分是即兴诗人的历史性叙事歌曲，歌曲内容多为黑山人反抗侵略的英雄故事，它具有传统的旋律性，音域较窄，节奏多变，旋律中往往有增两度的趋势。此外，黑山音乐还有劳动歌、节令歌、礼仪歌等类别。劳动歌是劳动时演唱的歌曲，不同季节的劳作活动对应不同的劳作歌；节令歌与宗教信仰联系密切，主要在庆祝各类节日时演奏，每个节日也有相应的民歌和舞蹈，如传统新年期间人们会戴着面具在传统乐器的伴奏下，唱着歌，挨家挨户进行拜年；礼仪歌包括诞生歌、婚礼歌以及葬礼歌，这些场合都有着特殊意义，礼仪歌被赋予了不同的象征意义。

三、绘画

文艺复兴运动促使欧洲形成了相对成熟的绘画艺术体系，由意大利兴起的文艺复兴逐步向整个欧洲大陆发展，巴尔干半岛也被这股复兴之风吹过，绘画风格逐渐由"神"转向"人"，黑山当时出现的绘画作品中也渐渐地融合了"人"的因素，更多地塑造了人物形象。

第一次世界大战结束之后，战争的创伤给欧洲大地留下了惨不忍睹的伤痕，经济萧条，人民生活困苦，整个社会弥漫着强烈的厌世悲观的情绪，人们开始否定一切，逃避现实，描述潜意识领域的矛盾现象，超现实主义画派自此产生，该画派将过去和未来、真实和幻觉统一展现，并在黑山当代艺术发展占据一席重要位置。

此外，描绘国内优美景色的风景画也是黑山绘画作品中的重要类别。2012年，中国文化部与黑山文化部共同举办了"黑山绘画艺术展"，展出的46幅画作均出自黑山当代画家沃约·斯坦尼奇之手。斯坦尼奇通过对黑山美丽景色的观察以及对生活的思考，拓展了各类创作场景，以灵活的表现方式，展示了黑山非凡的景色。该展览也促进了中黑双方的文化艺术交流，有助于加深两国人民之间的了解。

第六章　社会

第一节　人口与民族

现代黑山实际上是由多个民族组成的国家。黑山境内的民族除黑山族外，还有塞尔维亚族、克罗地亚族、阿尔巴尼亚族、波什尼亚克族、马其顿族等。黑山人由斯拉夫人构成。斯拉夫人的一支从6—7世纪起迁徙至此，并建立了中世纪的杜克列亚国家。克奈热维奇王朝统治期间开始用"黑山"命名这一国家。在塞尔维亚游击队与卡拉季耶维奇部队的圣诞起义（1919年）之后，黑山国王尼古拉一世的支持者表示反对与塞尔维亚的统一，因为这意味着黑山将被塞尔维亚吞并，黑山国家会因此而消失。但是，起义军的领导人克尔斯托·兹诺夫·波波维奇想与塞尔维亚统一，前提是黑山仍在尼古拉一世王的统治下。第二次世界大战以后，黑山境内的许多塞尔维亚人开始转变国家认同，认为自己是黑山人。然而，在南斯拉夫联邦解体之后，一些黑山居民再次宣布自己为塞尔维亚人，也有一些黑山公民仍然保持着黑山国家的自我认同。1991年春，南斯拉夫联邦将解体迹象出现，黑山独立运动开始兴起，最终在2006年5月的全民投票中获得了成功（1992年试图公投但被拒绝）。

黑山公国1909年的人口普查表明，95%的人口是塞尔维亚族人，信仰东正教。黑山总人口为629 325人（2018年统计数据），"黑山族人""塞尔维亚族人"和"波什尼亚克族人"的数量在几次普查中有着较大的波动，但这并不是民族人口的变化，而是人们身份认同的变化。此外，塞尔维亚、波斯尼亚和黑塞哥维那的塞尔维亚族人中有大部分人的祖先是生活在当今黑山境内。

黑山族与塞尔维亚族同为斯拉夫人后裔，同样信奉东正教，语言族源和文化习俗相近，自古以来关系密切。

第二节　宗教

一、东正教

东正教是黑山的主要宗教。黑山东正教的信徒主要是黑山族人和塞尔维亚族人。黑山的塞尔维亚族人是塞尔维亚东正教教会的坚定拥护者。东正教在黑山的教区主要分布在黑山的大都市和沿海地区，还有布蒂姆利亚大主教管区和尼克希奇。黑山国内建于17世纪奥斯特罗格教堂是东正教教徒的一个圣地。

二、天主教

在黑山，天主教徒大多生活在博卡科托尔斯卡地区，以克罗地亚族为主。此外，一些阿尔巴尼亚族人也是天主教的追随者。黑山和塞尔维亚地区约有超过20 000名天主教徒。2003年，希腊天主教徒在塞尔维亚和黑山设立了使徒职务，由杜拉主教（1954年生，2003年任命）担任，有21个教区和22 720名忠实的信徒。

三、伊斯兰教

15世纪，黑山国王伊万与威尼斯和奥斯曼土耳其帝国同时开战，由于黑山无法在两面夹击中战胜奥斯曼土耳其帝国，因此奥斯曼土耳其帝国征服并控制了黑山的大部分领土，伊斯兰教也因此传入了黑山地区。

黑山的穆斯林约占黑山人口的近20%，约16万人，属于逊尼派分支。黑山国内现有26座清真寺，穆斯林最集中的区域是亚得里亚海沿岸乡镇。黑山的穆斯林主要是波什尼亚克人和阿尔巴尼亚人。穆斯林主要聚集在黑山的乌尔齐尼、巴尔和波德戈里察的桑扎克地区。波什尼亚克人与黑山人几乎拥有同样的种族背景，但他们所属种族的宗教信仰不同。目前，穆斯林在黑山设立了13个伊斯兰社区理事会，分布于波德戈里察、图济、迪诺萨、巴尔斯、奥斯特罗斯、乌尔齐尼、普列耶维亚、比耶洛波列、柏拉尼、佩特尼卡、罗扎伊、普拉夫和古辛吉耶。

第三节　传统风俗

一、传统形象

在大山中行军打仗的生活使黑山人具备了不屈不挠的品质和强壮的体魄。黑山人凭借勇敢坚韧的性格、坚韧不拔的精神和险要的地理环境，使其在外族入侵时成为全巴尔干仅有的从未臣服于土耳其的地区。1883年，法国的一位科学家写道："黑山人的性格，坚强得就像那里的岩石，他们每个人的个子都很高，并且十分健壮。"据欧洲一个组织的统计，在整个欧洲地区，黑山人的平均身高名列前茅，1.95米的男性和1.85米的女性很常见，走在黑山首府波德戈里察的主要大街和商店里，总有一种压抑感，身边随处都是需仰视的小伙子和姑娘。

传统风俗方面，黑山人的民族服装较为雍容华贵。男服主要由黑呢帽、白衬衣、宽腿裤、长袜、长靴和带袖或无袖的粗呢短外套组成，使用金线在外套上绣制和点缀各种各样的图案和装饰。女服的上身主要是手绣丝织衬衣、浅色的无袖马甲，下身是绣有各种图案的丝织长裙。一般未出嫁的姑娘戴帽子，而已婚妇女根据其岁数的不同围有不同颜色的头巾。

黑山的葬礼上献花均为双数，因此在日常生活中赠礼或献花忌双数。

二、节日

黑山的主要节日包括新年、圣诞节、复活节、国际劳动节、独立日、国庆日。

在西方，圣诞节是全民性的最重要的节日。作为基督教分支之一的东正教教规规定，每年的1月7日是东正教圣诞节。东正教的圣诞节日期与西方基督教圣诞节日期不同，主要原因在于它们采用的是不同的历法，东正教采用的是儒略历，比一般国家使用的公历要晚13天。

东正教圣诞节的节庆活动从1月7日起持续两周，直到主显节结束。过去，这是一段热闹的时光，各种宗教活动和民俗活动给寂寞的冬日带来了生机和喜庆气氛。有意思的是，虽说庆祝的是基督教节日，许多活动和仪式却具有鲜明的多神教（基督教传入之前斯拉夫人信仰的宗教）性质。不过，这也是基督教在东部地区发展本土化过程中的一个突出特点——对上帝的崇拜与对自然万物的敬畏水乳交融，多神教的精神和仪式很多被吸纳了进来。

虽然在西方多国圣诞节是最重要的节日，但东正教徒通常更为推崇复活节。

2006年5月21日黑山举行全民公决，随后宣布独立，5月21日也被定为国家的独立日。

黑山国会于2004年7月12日采用新的国旗、国庆日以及国歌，以推进独立进程。国庆日为7月13日，以纪念1878年7月13日签订的柏林和约首次承认黑山为独立国家，以及1941年7月13日爆发的反法西斯起义。

三、饮食

（一）饮食品种

与欧洲各国一样，得益于良好的纬度与夏季光照充足的地理位置，黑山人饮食传统主要以面食为主，小麦、玉米是其主要主食，副食方面包括牛肉、羊肉、猪肉等肉类，卷心菜、黄瓜、番茄等蔬菜。广阔的亚得里亚海还为黑山提供了丰富的海产，鱼、虾、蟹等烹制的菜肴、汤品也广泛出现在沿海地区人们的餐桌上。

黑山人口味比较重，喜焦香浓郁口味，在这方面，东欧各国的口味普遍趋近于俄罗斯，在就餐时，餐桌上一定要有盐、胡椒粉等调味品，还要有番茄沙拉、黄瓜沙拉等，生洋葱也是备受欢迎的材料。菜品制作方式以煎、炒、炸、焗、烧、烤为主，肉类一定要全熟，各类烹制的香肠、火鸡配篝火烤肉，熏火腿是黑山当地的特色美食。

由于黑山地处巴尔干地区的中心位置，人口流动频繁，黑山的饮食在发扬本土特色的同时也融合了周边各国的饮食习俗。与黑山隔海相对的意大利是名副其实的面食大国，在黑山常常可以品尝到意大利的比萨，只是在保留意大利的比萨的样式下，黑山地区的比萨口味与意大利比萨复杂的烹制方式不大相同，具有黑山特色，其中最负盛名的是黑山沿海的海鲜比萨。黑山人在处理海鲜时，摒弃了以往重调味品的做法，往往很少加入调料，即使添加也仅仅加入少量盐，最大限度上保持了海鲜的鲜美。

如今黑山的旅游业发展迅猛，各地也同时兴建了迎合世界各地游客的各类餐厅，饮食品种正逐步走向多元化。

（二）饮食习惯

黑山曾经作为各国列强穿越东西方的必经之地，常年饱受战争的影响，居民生活较为艰苦。由于畜牧业相对发达，所以肉制品和奶制品较多。

在黑山用餐基本上要遵守当地礼仪，无特殊忌讳，饮食来源相对天然。到黑山友人家中做客，用餐礼仪较为随便，但要顾及宾客双方的宗教习惯。黑山的主要宗教是东正教，东正教在复活节前的斋期内不允许食用肉蛋类。若对方为穆斯林，需注意不吃猪肉，有些穆斯林甚至不饮红酒。

黑山人遵从西餐文化，一般以刀叉为用餐工具。黑山人比较重视午餐，早餐与晚餐相对简单，早餐就餐时间约为当地时间10点30分左右，午餐在15点到16点之间，晚餐时候为21点左右。正餐一般从汤开始，然后是主菜（肉类），最后是点心，点心基本上以奶酪、黄油为原料。

（三）饮品

就餐时，黑山人会喝咖啡、果汁以及葡萄酒和用水果酿制的酒，其中葡萄酒较为流行。

黑山拥有相对干燥的地中海气候，非常适宜葡萄酒的发酵，所以拥有悠久的酿造葡萄酒的历史，出产红葡萄酒、白葡萄酒、白兰地、西梅酒与樱桃酒等，出产的葡萄酒颜色深厚、口感浓郁。目前，黑山共有近4 000个葡萄园，主要分布在南部和沿海地区。沿海低纬度的地理位置和凉爽的气候酿出的清新口感的葡萄酒甚至可以与法国南部的佳酿相媲美。

第四节　教育

一、概况

黑山的教育由教育和科学部监管。教育从学前或小学开始。儿童7岁开始入读小学，学制为八年。小学毕业后，学生可以继续接受中学教育，学制为四年（贸易学校三年）。中学毕业后，学生如果选择进一步接受高等教育，学制为三至六年，毕业后将获得相应的一级学位。

（一）初等教育和第二级教育

黑山的小学教育是为7—15岁的儿童提供的免费义务教育，属于八年制义务教育，所有具备资格的儿童都可以享受各种基础教育。中学阶段有文科学校、理科学校、中专和师范学校。参加技术学校的学生，可以按照国家工业和社会服务的需要，选择自己感兴趣的技能进行培训，然后再进入两年制的中专学校进一步学习，这样的职业学校为学生的就业提供了便利，使得教育得以多元化，也为黑山工农业的发展提供了人才。

学生根据小学成绩和兴趣自由选择中学。中学大致可分为三种类型：

第一，文科中学和理科中学，学制是四年，提供广泛的通识教育。它是大学的预备学校，因此最具学术声誉和声望，也是那些有志进入高等院校深造学生的最理想选择和必经之路。

第二，中等专业学校，学制一般持续三到四年，它是专门为从事某些领域的学生提供的技能教育，专业学校也提供比较广泛的教育，学生从这里毕业后可以进一步到专业学院学习。

第三，职业学校，学制是三年，专注于职业教育（例如细木工、管道工、机械工），三年后不用继续接受教育。

(二) 高等教育

高等教育机构分大学教育和高职高专两种——大学教育学制为四到六年（一年分为两个学期），毕业后可获得学士文凭。高职高专学制为二到四年。大学毕业后，学生可以进一步接受研究生教育。研究生教育分为硕士研究生和博士研究生两阶段。

黑山境内的大学数量不多，有以下三所大学：

1. 黑山大学

黑山大学成立于1974年，是黑山最古老的高等教育机构。黑山大学是黑山规模最大的综合性高等教育机构，有超过2万名学生，由19个院系和2个科学院组成，是一所公立高校。自2004年以来，黑山大学是根据现代欧洲大学的组织形式设立的，同时根据《博洛尼亚宣言》确立的原则组织学校的课程和考试。黑山大学位于波德戈里察，还有一些研究项目基地设立在尼克希奇、采蒂涅、科托尔、巴尔、新海尔采格等，几乎遍布黑山重要城市。黑山大学也是欧洲大学协会的成员。每年4月29日，黑山大学会举办校庆日活动，庆祝黑山大学的成立。最初，黑山大学由技术系、法律系、教育学院、高等海事学院、历史学院、农业和生物与医学研究所等组成，学校位于波德戈里察市。自1992年以来，学校改名为黑山大学并持续至今。教育学院后来改为教学系，如今是哲学系。1978年以后，学校建成了技术学院，包括电气工程、机械工程、冶金等专业。随后几年，黑山大学经历了几次重组，新的大学机构于1999年确立。

2. 地中海大学

地中海大学成立于2006年5月30日，是黑山建立的第一所私立大学，由6个学院组成。该大学是巴尔干大学联盟的成员之一。成立之初，它由四个组织单位组成：旅游学院、酒店贸易管理学院、商学院、视觉艺术和信息技术学院。2006年12月16日，地中海大学又增设了两个学院：外国语学院和法学院。旅游学院、酒店与贸易管理学院成立于2004年，于2008年2月9日正式更名为"黑山旅游学院"。地中海大学的商学院、视觉艺术和信息技术学院、外国语学院和法学院位于波德戈里察，而旅游学院和酒店贸易管理学院位于巴尔市。

第六章 社会

根据《博洛尼亚宣言》，地中海大学是一个单一而独立的法律实体。2008年由高等教育委员会专家委员会对地中海大学所有学院的学习课程质量进行了检查，并且在接下来五年中的重新认证表明，地中海大学虽然是一所私立高校，但是教学质量很高。地中海大学明确而全面地致力于以有系统和有组织的方式提高研究质量，以便具有现代性、灵活性、可比性、竞争力和效率。在这个意义上，根据《博洛尼亚宣言》确立的进程，地中海大学致力于提高大学内所有活动的质量水平、学习计划、分级系统、教科书编撰、文学、研究室设备、信息系统、科研、出版、教学和管理人员选拔、图书馆、永久教育、跨学科合作标准等方面，并取得了一定成就。

地中海大学还设立了项目研究和咨询中心，通过与项目的合作提高了教学人员的专业能力，并且加强了黑山学术研究和商业环境之间的共通性。此外，学校采用欧洲教学和科学研究的标准，与许多国际高等教育机构的合作较为紧密，还积极参与黑山的文化和经济发展，融入欧洲和世界教育发展的大趋势。地中海大学与欧盟一些伙伴大学合作较多，如匈牙利的德布勒森大学、荷兰的瓦赫宁根大学、苏格兰农业学院、匈牙利的布达佩斯商学院。地中海大学也是东南欧领先的公司之一阿特拉斯集团投资活动和项目的重点院校。地中海大学和黑山商会在专业发展计划、项目分析、组织研讨会、圆桌会议等专业会议方面也进行了密切的合作，地中海大学的代表还参加了仲裁机构的工作。

3. 下戈里察大学

下戈里察大学是位于黑山波德戈里察郊区的私立大学，成立于2007年，是黑山第二所私立大学。其建筑面积达16 700平方米，是目前黑山最大的私营高教机构。下戈里察大学共有12个学院：国际经贸学院、信息技术学院、法学院、政治学院、人类学学院、文学院、食品科学学院、体育管理学院、多媒体设计学院、文化与旅游学院、哲学院、外国语言学习中心。

（三）其他研究机构

黑山有黑山科学院和杜克列亚科学院，还有三个科研机构：历史研究所、海洋生物研究所和外国语研究所（生物技术研究所已经在生物技术学院进行了改造）。除此之外，一些企业内部中还设立了一些研究中心，比如地质研究机构、水文气象研究机构、生物毒理研究中心、公共卫生研究所、黑色金属研究所和环境保护和文化遗产保护组织等。这些研究机构的业务领域可以从科学研究向商业服务转变。但是，为了被国家认定为科研机构，它们在工作人员考核和设备管理上需要达到一定标准。这些机构在硕士研究生和博士研究生的培养方面也发挥着特殊的作用。

二、大学和科研机构现状

黑山为了发展本国教育，对本国的教育模式进行了调整和改革，借鉴了欧洲发达国家的经验。主要改革内容如下：整合大学的教学和科研，培养优秀的教职员工和科研人员，着力培养年轻的科学家，开展研究以促进新知识和科学方法的提出。黑山境内的科学研究活动主要集中在两个科学院和黑山大学这唯一的公立大学，以及黑山大学所设立的科研机构。然而，由于各种原因，科研活动大都缺乏财政资源的支持，15年来科学研究产出和成果有限。

目前，黑山的大学与科学和教育部以及其他高等教育部门已经采取了一些初步措施，以实现上述建议。为了达到教育改革的目的，国家政府部门也增加了资金投入。

第五节 卫生

一、医院

黑山的卫生医疗保健服务共分为三个层级：第一级医疗机构是初级卫生医疗机构，它满足黑山80%～85%的居民医疗保健需求，初级卫生保健机构实行卫生中心选定医生的方式，即选拔性聘用医生；第二级医疗保健机构提供专科诊疗和医院病房服务；第三级医疗保健机构提供亚专科诊疗。初级卫生医疗保健机构是黑山卫生系统发展的重中之重和基础，它提供广泛的医疗服务并且促进黑山健康生活方式的提倡和预防保健。

黑山医疗系统主要由以下卫生医疗机构组成：18个保健中心、7所综合医院、3所特殊医院、黑山临床中心、公共健康研究所、紧急医疗援助机构、血液研究所。上述机构提供三级（第一级、第二级和第三级）医疗服务。黑山所有医疗公共机构就业人数达到7228人，卫生工作者为5550人（占76.8%），医疗职业人员为1678人（23.2%）。在卫生工作者中，有1348名（24.3%）医生（其中76.6%是专家），27名（0.5%）牙医，105名（1.9%）药剂师，195名（3.5%）高级职业健康人员，3875名（69.8%）是具有较高和中等职业资格的医护人员。

在普通医院里，黑山平均入院治疗时间是6.31天，特殊医院的平均治疗时间是28.34天（精神病学专科医院80.60天，里桑特殊医院14.31天），黑山临床中心平均治疗时间是6.21天。平均治疗时间最短的是卫生中心，约为5.04天。

二、医疗保险

黑山医疗保健系统资金的使用采用医疗保险的形式，医疗保险以俾斯麦社会健康的原则设立，政府根据法定类别进行资金资助。从黑山官方公布的数据来看，黑山医疗保险涵盖了超过95%的人口。用以维持卫生医疗系统功能和补贴卫生保健需求不足的资金由国家预算提供。根据世界卫生组织的调研，黑山自付医疗费的比例较周边地区高出许多。黑山医疗保健系统的投资大部分还是由国家预算资助，较少的部分来自地方预算以及健康保险基金和捐款。

第六节　体育

一、概况

黑山主要的体育运动项目围绕球类展开，如足球、篮球、水球、排球和手球。其他体育运动项目包括拳击、网球、游泳、柔道、空手道、田径、乒乓球和国际象棋。

最受黑山人欢迎的运动是足球。由于全民对于足球项目的热爱，黑山诞生了许多有名的球员，如萨维切维奇、普雷德拉格·米贾托维奇、武齐尼奇、斯蒂芬萨维奇和斯蒂芬约维奇等。

（一）水球

由于紧靠亚得里亚海，水上运动受到黑山人民的喜爱。水球被认为是黑山的一项重要体育运动。黑山国家水球队是世界排名顶级的球队之一，黑山国家水球队于2008年在西班牙马拉加举行的欧洲水上马球男子锦标赛中获得金牌，并在2009年首都波德戈里察FINA男子水球世界联赛中获得金牌。来自科托尔的黑山球队在克罗地亚举办的欧洲水球比赛中获得冠军。

（二）篮球

黑山国家篮球队以出色的表现而闻名，过去曾获得过很多奖牌。2006年，黑山篮球联合会随着黑山独立自行加入国际篮球联合会（FIBA）。

（三）手球

在女子运动中，黑山女子手球队是最成功的球队，曾获得2012年欧洲冠军，并在2012年伦敦夏季奥运会上获得亚军，并赢得了两次EHF冠军联赛冠军。

（四）足球

黑山于2006年成立了国家足球队，并在2012年欧洲足球锦标赛的季后赛中夺冠，这是黑山国家足球队历史上最大的成功。

二、黑山在奥运会的表现

2006年黑山独立后，第一次参加的奥运会是2008年的北京奥运会，但在这届奥运会上并未取得奖牌。2012年的伦敦奥运会是黑山第二次征战的奥运会，水球、手球和篮球是黑山的传统优势项目。首次参加奥运会的黑山女子手球队不敌上届冠军挪威队，获得了亚军，为

第六章 社会

黑山夺得了奥运会历史上的第一枚奖牌。不到半年的时间，女子手球队在2012年欧洲冠军杯决赛中击败2012年奥运会冠军挪威队，第一次成为冠军。

第七章 外交

第一节 与北约和欧盟的关系

一、黑山加入北约

2009年12月，黑山被授予北约成员国地位行动计划资格，获得该资格是申请加入北约组织的最后一步。2015年12月2日北约向黑山发出正式邀请，双方启动入盟谈判，并于2016年5月签署了加入议定书。黑山于2017年6月5日正式加入北约。

黑山加入北约历经多次波折。2003年6月，塞尔维亚和黑山启动北约和平伙伴关系计划。然而，黑山却于2006年6月3日宣布独立，并在布鲁塞尔设立常驻北约组织的代表团。随后，黑山在2006年里加峰会上以新身份加入了北约和平伙伴计划。2007年11月，黑山与北约签署了一项过境协议。黑山还与美国签署了一项协议，黑山承诺将更新其过时的武器作为加入北约成员国的先决条件。2007年底，黑山国防部部长博罗·武齐尼奇称，黑山将在2008年布加勒斯特首脑会议之后加紧步伐加入北约。2008年4月，黑山与北约进行了加强对话，并于2008年6月通过了《个别伙伴关系行动计划》。2008年9月25日，黑山被邀请加入北约牵头的《亚得里亚宪章》。2008年11月5日，在米洛·久卡诺维奇总理的支持下，黑山申请加入北约成员国地位行动计划，2009年12月该计划被北约批准。黑山还于2009年5月开始充分参与《北大西洋宪章》，根据此宪章，黑山开始参与北约军事行动，并派遣国家武装力量参与北约行动。2010年，黑山派遣了40名士兵、一个3人军事医疗队和2名指挥官员到阿富汗。黑山维和人员也参与了利比里亚和索马里的军事维和行动。由于黑山军费开支并不充裕，它获得了罗马尼亚、土耳其、德国和美国等几个北约国家的出资支持。

2013年12月，北约决定同意黑山与马其顿同时加入北约，但是，北约成员国希腊与马其顿的国名争端导致该计划被否决，黑山在2014年未能顺利加入北约。2014年3月，黑山总理米洛·久卡诺维奇再次表示黑山加入北约的愿望，并希望参与9月份的北约首脑会议。2014年5月29日，斯洛文尼亚和克罗地亚两国的外交部部长和国防部部长致函北约秘书长，强调邀请黑山加入北约的重要性。斯洛文尼亚国防部部长还表示，他预计黑山在北约2014年威尔士峰会期间将收到北约邀请。然而，北约宣布，当年不会向黑山发出峰会邀约。2014年6月，北约秘书长安德斯·福斯·拉斯穆森表示，北约将开放"加紧谈判"，目的是要求黑山在2015年底之前加入北约，预计到2015年底对黑山的进展进一步评估。按照北约的计划，2015年12月2日北约正式向黑山发出邀请。黑山加入北约的最终谈判从5月26日开始，于2016年2月份结束，谈判达成的意见是黑山以"观察员"身份加入北约组织。黑山于2017年6月5日正式加入北约。

黑山独立前，周围中东欧国家纷纷融入欧盟并且实现了经济发展，这使黑山开始重新考虑如何构建黑山的对外关系。在黑山独立后，加入欧盟成为黑山的优先战略目标。但是，欧盟与北约的成员国几乎是一致的，黑山只有在军事上倾向于北约，才更有把握加入欧盟。

二、与欧盟的关系

黑山极力希望加入欧盟，原因在于与欧盟建立共同的政治共识、拓展市场的需求、获得欧盟组织以及欧洲中央银行的经济帮助和支持以及提高科技创新能力。同时，黑山希望能够尽快融入欧洲—大西洋一体化进程，在投资、司法、经济、外贸等方面享受和欧盟成员国相同的待遇，由此促进经济的发展。

加入欧盟并不是一蹴而就的，这期间需要长达数十年的努力和观察。现阶段，欧盟成员国共有28个，黑山在2010年时成了欧盟候选国,但是,欧盟在人权、经济政策、司法政策方面的诸多要求黑山尚不能满足。黑山开启加入欧盟的进程可追溯至塞尔维亚和黑山时期。2005年11月,塞尔维亚和黑山向欧盟递交了加入欧盟申请书,随后与欧盟订立了《稳定与联系协议》。2006年5月,黑山公投独立后,塞尔维亚和黑山解体,塞尔维亚继续与欧盟的协定。黑山则在2008年12月15日向欧盟递交了正式加入申请书。2009年4月23日,黑山要求欧盟委员会提出对黑山加入欧盟的意见。欧盟委员会随后于2009年7月22日向黑山提出质询,黑山于2009年12月9日递交了答复。2010年5月1日,在27个欧盟成员国批准后,欧盟与黑山达成了《稳定与联系协议》。2010年9月9日,欧盟委员会将黑山列入加入欧盟的候选国,2010年12月17日欧盟官方确定了黑山的候选国地位。由于黑山在环境、司法以及犯罪相关问题上尚未达到欧盟的认可标准,因此,这些问题成为阻碍黑山加入欧盟的最大障碍。在2007年12月,黑山与保加利亚签订协议,约定保加利亚在随后三年将帮助黑山加入欧洲-大西洋一体化进程和欧盟。2010年7月27日,黑山议会通过了《反歧视法》,来保障性取向以及性别认同不受他人歧视。这也是加入欧盟所要达到的一项标准之一。对于黑山加入欧盟这一行为,黑山境内的民众以76.2%的绝对多数表示赞同,仅有9.8%的民众反对。黑山外交和欧洲一体化部设立了专门的机构来致力于加入欧盟,该机构的负责人是首席谈判代表。

如今,黑山并没有自己的货币。第二次世界大战后,黑山作为南斯拉夫社会主义联邦共和国以及后来的南斯拉夫联盟的一个成员,将南斯拉夫货币第纳尔作为黑山的法定货币。1999年11月,黑山自己决定将德国马克作为除第纳尔之外的另一法定货币。2001年1月1日,黑山正式暂停使用第纳尔。后来,随着欧元的产生,黑山在欧洲中央银行没有表明态度的情况下,开始正式使用欧元作为其法定货币。此后,欧盟委员会和欧洲中央银行多次表达反对黑山未经同意单方面决定使用欧元的行为,一份声明宣称该行为违反了黑山与欧盟的条约。欧洲中央银行认为,黑山若想使用欧元至少应当和欧盟进行谈判并阐明情况。而黑山代表认为,目前,黑山要收回欧元并停止流通在现实情况下几乎是不可能的,黑山财政部部长也称"停止使用欧元并改用自己的货币在经济上极端不合理",同时,他认为黑山应该继续使用欧元以保证政府的信誉。至于黑山单方面决定使用欧元这一行为，欧盟与黑山始终针锋相对，这一问题最终要靠黑山与欧盟的谈判来达成和解。

2008年1月1日，黑山与欧盟签订的签证便利化协定生效，2009年12月19日，黑山成为免除签证列表中的国家之一，黑山公民在进入欧盟申根区、保加利亚、塞浦路斯以及罗马尼亚时，只需随身携带护照即可过关，无须办理签证。但是，签证自由化适用的地区并不包括爱尔兰和英国，爱尔兰和英国对于申根协定规定了保留条款，但是，鉴于英国经过脱欧公投后议会已经公布正式开启脱离欧盟的进程，因此，黑山与欧盟达成的签证自由化协定自然也不再适用于英国以及爱尔兰。

第二节　与中国的关系

一、双边政治关系回顾

中国与黑山有着传统的友谊。2006年6月3日，黑山宣布独立，6月4日，黑山外长米奥德拉格·弗拉霍维奇致信李肇星外长，寻求中国承认黑山为主权独立国家。6月14日，中国外交部长李肇星复信黑山外长米奥德拉格·弗拉霍维奇，宣布中国政府承认黑山。7月6日，中黑建交，两国外交部建立磋商机制。近年来，中黑主要政治交往如下：

2007年7月，黑山外长助理米洛拉德·什切帕诺维奇来华进行两国外交部多边事务磋商。8月，应全国政协主席贾庆林邀请，黑山议长兰科·克里沃卡皮奇访华。9月，杨洁篪外长出席联大会议期间同黑山总理什图拉诺维奇会晤。中国外交部部长助理孔泉访问黑山。

2008年5月，黑山总统菲利普·武亚诺维奇、总理米洛·久卡诺维奇、外长米兰·罗钦分别就中国四川汶川特大地震灾害向国家主席胡锦涛、总理温家宝、外长杨洁篪致函慰问。黑山政府向中国四川地震灾区提供价值30万欧元物资援助。6月，黑山副总理武伊察·拉佐维奇访华。7月，应杨洁篪外长邀请，黑山外长米兰·罗钦对中国进行访问。8月,黑山总统菲利普·武亚诺维奇、议长兰科·克里沃卡皮奇分别出席北京奥运会开幕式和闭幕式,中国国家主席胡锦涛、全国人大常委会委员长吴邦国分别会见。9月,黑山总理米洛·久卡诺维奇出席在天津举办的世界经济论坛第二届"夏季达沃斯"年会并应中联部邀请访华,中国国务院总理温家宝、中共中央对外联络部部长王家瑞分别会见、会谈。

2009年1月,黑山外长助理德拉甘·久罗维奇来华进行两国外交部首次领事磋商。5月,全国政协副主席张梅颖访问黑山。

2010年5月,黑山总统菲利普·武亚诺维奇来华出席上海世博会黑山国家馆日活动。6月,全国人大常委会副委员长、全国妇联主席陈至立访问黑山,黑山总统菲利普·武亚诺维奇、议长兰科·克里沃卡皮奇、总理米洛·久卡诺维奇分别会见。9月,中共中央政治局常委李长春访问黑山,黑山议长兰科·克里沃卡皮奇、总理米洛·久卡诺维奇分别会见。10月,黑山外交部秘书长米尔萨德·比博维奇来华举行两国外交部政治磋商。

2011年1月,黑山议会国际关系和欧洲一体化委员会主席米奥德拉格·武科维奇访华。7月,两国庆祝建交五周年,温家宝总理、杨洁篪外长分别同黑山总理卢克希奇、外交和欧洲一体化部部长罗钦在建交日当天互致贺电,全国对外友协和黑山驻华使馆举行招待会,全国政协副主席罗富和出席。9月,全国政协副主席陈奎元访问黑山,黑山总统武亚诺维奇、议长克里沃卡皮奇、议会国际关系和欧洲一体化委员会主席武科维奇分别会见。

2012年3月,国务院副总理回良玉对黑山进行正式访问,分别同黑山总统武亚诺维奇、议长克里沃卡皮奇、总理卢克希奇、副总理兼信息社会和电信部部长拉佐维奇会见会谈。4月26日,国务院总理温家宝在华沙会见出席中国-中东欧国家领导人会晤的黑山总理卢克希奇。8月28日,国务院副总理回良玉会见来华出席中国向黑山出口远洋货轮交接仪式的黑山总理卢克希奇。9月,国防部外办主任钱利华少将访黑。中国-中东欧国家合作黑山国家协调员、副总理顾问帕奥维奇来华出席中国-中东欧国家合作秘书处成立大会暨首次国家协调员会议。10月,国家主席胡锦涛接受黑山新任驻华大使佩罗维奇递交国书。

第七章 外交

2013年10月，黑山国家协调员约韦蒂奇出席在布加勒斯特举行的中国–中东欧国家合作国家协调员会议。11月，国务院总理李克强在布加勒斯特会见出席中国–中东欧国家领导人会晤的黑山总理米洛·久卡诺维奇。

2014年2月，国家主席习近平出席索契冬奥会开幕式期间同黑山总统武亚诺维奇寒暄。8月，黑山总统武亚诺维奇来华出席南京青奥会开幕式并参访南京、扬州等地，国家主席习近平在南京会见。11月，全国人大常委会副委员长张平访问黑山，分别会见了总统武亚诺维奇、议长克里沃卡皮奇和总理米洛·久卡诺维奇。12月，国务院总理李克强在贝尔格莱德会见出席第三次中国–中东欧国家领导人会晤的黑山总理米洛·久卡诺维奇。

2014年7月，中共中央对外联络部副部长周力率中共友好代表团访问黑山，其间会见了黑山政府总理、社会主义者民主党主席米洛·久卡诺维奇等主要政党领导人。

2014年7月，中国新任驻黑山大使崔志伟向武亚诺维奇总统递交国书。

2014年8月，黑山总统武亚诺维奇和夫人斯韦特拉娜赴华出席青奥会。

2015年11月，黑山政府总理米洛·久卡诺维奇赴中国苏州出席中国–中东欧国家领导人第四次会晤。

2016年5月，黑山政府副总理兼外长卢克希奇赴华就其竞选联合国秘书长寻求中国支持，并与王毅外长会见。

2016年1月，中国外交部部长助理刘海星访问黑山，与黑山总统武亚诺维奇、副总理兼外长卢克希奇会见，与黑山对外关系和欧洲一体化部国务秘书约沃维奇举行了双边会晤。

2016年7月，中黑两国共同庆祝建交十周年，习近平主席和武亚诺维奇总统、李克强总理和米洛·久卡诺维奇总理、张德江委员长和帕约维奇议长分别互致贺电，两国各自发行了纪念封。

2016年11月，中国–中东欧国家领导人第五次会晤在拉脱维亚里加举行，黑山政府副总理拉佐维奇参加。

二、经贸、军事、科技和文化等领域的交流与合作

中黑政府间建有经贸联委会和科技合作委员会机制。近年来相关领域主要交往如下：

2007年8月，黑山广播电视台台长米利亚尼奇应邀来华参加中国国际广播电视博览会。

2008年6月，中黑经贸联委会第一次例会在京举行。9月，中国全国对外友好协会会长陈昊苏访问黑山。10月，中联部副部长陈凤翔访问黑山。

2009年4月，黑山文化部部长米丘诺维奇访华。

2010年1月，中国进出口银行行长李若谷、国防部外事代表团分别访问黑山。2月，黑山社会主义者民主党副主席、副议长热利科·什图拉诺维奇访华。3月，黑山副总理兼财长伊戈尔·卢克希奇访华。5月，黑山社会主义者民主党主席团成员、议会国际关系和欧洲一体化委员会主席米奥德拉格·武科维奇和社会人民党主席斯尔詹·米利奇来华出席首届中欧政党高层论坛。10月，中黑政府间经贸联委会第三次会议在北京举行。中国交通部副部长冯正霖、海关总署副署长王松鹤分别访问黑山。12月，黑山交通、海事和电信部部长安德里亚·隆帕尔来华出席第七届世界高速铁路大会。中国红十字会就黑山部分地区发生严重洪灾向黑山红十字会提供3万美元紧急援助。

2011年4月，中国卫生部副部长马晓伟访问黑山。黑山反腐败促进局局长拉特维奇访华。5月，中国科技部副部长曹健林访问黑山。黑山最高法院院长梅戴尼察访华。黑山社会主义者民主党主席团成员卡拉奇来华出席第二届中欧政党高层论坛。6月，中国商务部副部长钟山访问黑山。黑山副总理兼信息社会和电信部部长拉佐维奇出席在匈牙利举行的中国–中东欧国家经贸论坛。7月，黑山交通和海事部部长隆帕尔访华。9月，中国外交部副部长傅莹赴黑山举行两国外交部政治磋商。10月，中国全国友协李建平副会长访问黑山。黑山国防部长武契尼奇、卫生部部长拉杜诺维奇分别访华。

2012年1月，黑山议长克里沃卡皮奇来华出席中方向黑山出口第一艘远洋货轮的交接仪式。4月，中国最高人民法院副院长奚晓明、中联部副部长陈凤翔分别访问黑山。5月，黑山科托尔市市长查托维

第七章 外交

奇赴西安出席2012"丝绸之路"城市市长会晤。6月，中黑经贸联委会第四次例会在波德戈里察召开。7月，中黑科技合作委员会第一届例会在京举行。中国监察部副部长兼国家预防腐败局副局长屈万祥访问黑山。8月，黑山总理卢克希奇来华出席中方向黑山出口第二艘远洋货轮的交接仪式，回良玉副总理会见。9月，黑山社会主义者民主党主席米洛·久卡诺维奇应中联部邀请访华。

2013年4月，黑山社会民主党派团参加在苏州举办的第四届中欧政党高层论坛。中国残疾人艺术团赴黑山演出。5月，黑山文化部部长米丘诺维奇来华出席中国-中东欧国家文化合作论坛。7月，中国-中东欧国家合作黑山国家协调员、副总理顾问约韦蒂奇及黑山地方领导人代表团出席在重庆举办的中国-中东欧国家合作地方领导人会议。9月，黑山农业和农村发展部部长伊万诺维奇来华出席第八届中国与中东欧国家合作农业经贸论坛。黑山社会主义者民主党、社会民主党派代表来华参加中国与中东欧国家合作青年政治家论坛。

2014年5月，中国-中东欧国家合作黑山国家协调员、副总理顾问约韦蒂奇出席在北京举行的第三次中国-中东欧国家合作国家协调员会议。6月，黑山经济部副部长塞库利奇来华出席中国-中东欧国家经贸合作部长级会议。7月，中黑经贸合作项目换文签字仪式在黑山首都波德戈里察举行。黑山总理外事顾问卡卢杰洛维奇参加中国-中东欧国家合作高级别官员访华团。8月，黑山采蒂涅市市长波格达诺维奇出席在捷克举行的中国-中东欧国家合作地方领导人会议。9月，黑山代表团出席在斯洛文尼亚举行的第二届中国-中东欧国家合作高级别智库研讨会。黑山代表团出席在天津举行的第二届中国-中东欧国家合作教育政策对话。11月，中国-中东欧国家合作黑山国家协调员约韦蒂奇出席在贝尔格莱德举行的第四次中国-中东欧国家合作国家协调员会议。

2015年1月，《中华人民共和国政府和黑山政府经济技术合作协定》签字仪式在黑山首都波德戈里察举行。浙江省宁波市政府代表团访问黑山。

2015年2月13日，黑山大学孔子学院揭牌仪式在黑山大学隆重举行，黑山总统武亚诺维奇亲临仪式致贺词并揭牌。黑山大学孔子学院由长沙理工大学和黑山大学合作设立。5月29日，中央电视台英语新闻频道正式落户黑山电信的IPTV平台。

2015年3月6日，中黑经贸合作项目交接仪式在黑山首都波德戈里察市举行。

2015年4月17日，广东省外办考察团访问黑山，与黑山贸易投资署进行了互动交流，赴北部城市比耶洛波列访问并签署了广东省韶关市与比耶洛波列市建立友好关系协议，与黑中友协签署了友好交流合作备忘录，并就在黑山开展中医药合作、拓展旅游及房地产业务、开办中国加工贸易企业等事项与黑方进行了磋商。4月17日，《中华人民共和国韶关市与黑山比耶洛波列市加强交流合作备忘录》在黑签订。

2015年5月11日，利用中国政府贷款、由中国路桥工程有限责任公司承建的黑山第一条高速公路——南北高速公路（斯莫科瓦茨—马泰舍沃）全长40.871千米的路段正式开工。

2015年5月12日，"丝路花语四川——书画艺术欣赏"在黑山展出。5月9日—12日，成都中医药大学附属医院代表团访问了黑山，考察了巴尔市中心医院、科托尔市中心医院和黑山临床中心。5月12日—13日，四川省人民政府副省长刘捷率团访问黑山，与黑山首都波德戈里察市市长斯蒂耶波维奇签署《四川省与波德戈里察市友好交流合作协议》，双方就推动"一带一路"倡议及下一步在旅游、贸易、基础设施建设以及人文等领域的交流合作交换了意见并达成许多共识。

2015年8月14日—16日，四川省发改委主任唐利民率领的四川省投资发展促进团对黑山进行考察访问，寻求在"一带一路"倡议下与黑方开展商贸及项目投资合作。

2015年9月13日—15日，河北省保定市市长马誉峰率团到黑山进行工作访问，寻求在推进实施"一带一路"倡议、中国与中东欧合作以及京津冀一体化战略背景下与黑方开展务实交流合作。9月16日，中国百人旅行团访问黑山。

2015年10月7日—11日，内蒙古赤峰市市长毕立夫率团到黑山进行工作访问，赤峰市与尼克希奇市签署了《中华人民共和国内蒙古自治区赤峰市和黑山尼克希奇市建立友好城市关系协议书》，两市还就加强双边交流，特别是加强在文化、教育、体育、贸易、农业等领域的交流合作深入交换了意见。

2015年11月19日，中国国家交响乐团首席长笛、中央音乐学院

第七章 外交

兼职教授韩国良先生一行访问黑山。

2015年12月1日，上海嘉定区与黑山蒂瓦特市建立友好合作关系协议签字仪式在蒂瓦特市政厅举行，嘉定区人大常委会副主任陆晞和蒂瓦特市市长伊万·诺沃塞尔分别代表双方在协议书上签字。

12月29日—30日，中黑合作实施的太阳能照明示范项目竣工仪式分别在黑山故都采蒂涅和世界自然和文化遗产城市科托尔市举行。

2016年4月，中国文化部副部长董伟访问黑山，两国文化部签署《2017—2019年度政府间文化合作执行计划》。

2016年4月，中国驻黑山大使崔志伟、黑山副总理拉佐维奇分别代表两国政府签署《中华人民共和国政府与黑山政府经济技术合作协议》。

2016年4月，中国土木工程集团有限公司承建的黑山巴尔—贝尔格莱德铁路黑山境内科拉申至科斯段修复工程正式开工。

2016年4月，中国商务部援外司副司长赵刚访问黑山。

2016年5月5日，四川西华大学与下戈里察大学签署合作备忘录。

2016年5月，黑山布德瓦市与四川自贡市签署了友好城市协议书。

2016年6月，四川省卫生和计划生育委员会主任沈骥和四川省中医药管理局局长田兴军率领四川省卫计委和中医药考察团对黑山进行工作访问。

2016年6月，西安市市长董军率团访问黑山。

2016年7月，四川博物院与黑山布德瓦市联合举办"蜀风汉韵——四川地区汉代画像砖拓片展"。

2016年8月，中国青年水球队参加在黑首都波德戈里察举行的第三届世界青年水球锦标赛。

2016年11月，中南民族大学艺术巡演团赴黑山演出。

2016年11月，宁波市商贸投资促进团考察黑山。

据黑山统计，2016年黑中贸易总额为2.035亿欧元，黑山对中国出口0.189 3亿欧元，黑山从中国进口1.845 9亿欧元。据中国海关统计，2016年双边贸易额1.4亿美元，同比下降11.1%，其中中方出口额1.1亿美元，下降19.2%；进口额0.3亿美元，同比增长33.5%。

三、中国与黑山之间的重要双边文件

中黑建交后，为了加强全面友好合作关系，两国签署了一系列重要的双边文件：《中黑建交公报》（2006年7月6日）、《中华人民共和国政府和黑山政府经济贸易协定》（2006年8月）、《中华人民共和国国家旅游局和黑山旅游和环保部关于中国旅游团队赴黑山旅游实施方案的谅解备忘录》（2007年9月）、《中华人民共和国政府和黑山政府关于文化、教育、社会科学和体育领域合作协定》（2009年4月）、《中华人民共和国铁道部与黑山交通、海事和电信部铁路合作谅解备忘录》（2010年7月）、《中华人民共和国卫生部和黑山卫生部关于卫生合作的谅解备忘录》（2011年4月）、《中华人民共和国政府和黑山政府科学技术合作协定》（2011年5月）、《中华人民共和国政府和黑山政府关于加强基础设施领域合作协定》（2011年6月）、《中华人民共和国农业部与黑山农业和农村发展部关于农业合作的谅解备忘录》（2012年3月）、《中华人民共和国文化部与黑山文化部2012—2016年文化合作执行计划》（2012年3月）。

第八章 经济

第一节 概况

黑山作为一个地理面积较小的国度，仅在20世纪初才开始迈开工业化和经济发展的第一步。造成这种经济发展相对拖延的原因在于，黑山的人口稀少、原材料种类不足、运输网络不发达且国内外投资较少。这种工业化发展的延迟和滞后却带来了意外的积极作用：黑山因此得以作为一个特别的生态绿洲在全球污染中幸存下来。黑山第一批工厂建于20世纪头十年，主要是木工厂、炼油厂、啤酒厂和发电厂。然而，黑山紧接着经历了第一次巴尔干战争（1912—1913年）、第一次世界大战和第二次世界大战，阻断了黑山的经济发展之路。在两次世界大战之间，农业在国民经济中保持统治地位，剩下为数不多的工厂是木工厂、烟草厂、啤酒厂和盐厂。

第二次世界大战后，黑山经济取得重大发展。黑山当时作为南斯拉夫社会主义联邦共和国的一部分，以苏联为学习对象，苏联以及南斯拉夫的其他地区给予了黑山极大的帮助。在第二次世界大战之后，黑山经历了快速的城市化和工业化时期，发展了以电力、钢铁、铝、煤矿、林业、木材加工、纺织和烟草制造为主的工业部门，由于紧靠亚得里亚海，20世纪80年代后期的黑山对贸易、国际航运，特别是旅游业方面越来越重视。

南斯拉夫联邦解体之后，黑山的外资随之撤资，市场规模急剧缩减，使黑山一大半的工业部门停产，1989年开始的黑山私有化方案也被迫中断。南斯拉夫联邦统一的市场随着南斯拉夫联邦的解体而分裂，以及1992年5月实施的联合国制裁是第二次世界大战以来黑山爆发经济危机的最主要原因。1993年，三分之二的黑山人口生活在贫困线以下，而救援物资的频繁中断使公民健康和环境保护水平大大低于国际标准。联合国制裁对黑山整体经济造成了绝对不利影响，经济损失估计约为69.3亿美元。这一时期也恰逢南联盟发生人类历史上第二高的恶性通货膨胀。由于黑山受到经济制裁和所处的地理位置（紧邻亚得里亚海，并且有一条穿越斯库台湖与阿尔巴尼亚相连的水道），作为非洲和欧洲的交界地带，当时的黑山走私活动非常猖獗。

1997年，米洛·久卡诺维奇成为黑山社会主义者民主党主席，该党也是黑山的执政党。1998年1月—2003年1月，米洛·久卡诺维奇任黑山总统，开始切断黑山与塞尔维亚的关系，他指责斯洛博丹·米洛舍维奇的政策总体削弱了黑山经济，而通货膨胀导致黑山政府开始走自己的经济发展之路，随后，黑山单方面采用德国马克作为流通货币，坚持对国家的经济进行更多的控制，这最终导致塞尔维亚和黑山向一个松散的联盟转变，黑山政府对其经济政策承担主要责任，不再接受塞尔维亚政府的指挥和管控。其次，米洛·久卡诺维奇开始实施更快、更有效的私有化政策，通过改革立法、实行增值税来达到目的。当德国马克被欧元取代时，尽管欧盟的布鲁塞尔总部反对，黑山仍然将欧元作为法定货币。政府制订了中期经济改革计划，俗称"议程"。尽管实行了立法改革和大多数公有制企业的私有化，但黑山人民的生活水平在此期间并没有大幅度的改善。担任总理的米洛·久卡诺维奇指责塞尔维亚的经济改革进展缓慢，严重拖累了黑山的经济。总之，在这一阶段，黑山的经济受到塞尔维亚政治动荡的影响，难以发展。因此，黑山2006年5月21日举行全民公投，黑山人民赞成黑山独立于塞尔维亚。

独立公投后，黑山经济继续转型，开始以服务业为主，以成为精英旅游和精品高端旅游的目的地并将加入欧盟作为目标。同时，黑山大力吸引外国投资者参与旅游绿地以及大型基础设施项目投资，这两个项目都是促进旅游业发展的必要条件。黑山在2006年和2007年经历了房地产繁荣，富裕的俄罗斯人、英国人和其他国家的投资者纷纷开始在黑山沿岸位置绝佳地段购买房产。

然而，2008年末，黑山的经济开始放缓甚至衰退，主要是由于维利卡广场、阿达博亚娜岛、保佳瑞卡海滩、贾滋海滩、南北高速公路建设项目、新发电厂等项目的开发被推迟。波德戈里察的铝业是GDP最大的单一贡献者，也是黑山主要出口资源之一，面对黑山经济整体衰退，铝业也发展艰难。

黑山独立以后，市场化进程加快。2007年服务业占国内生产总值的72.4%，工业和农业占17.6%和10%。黑山全国约有5万个农户依靠农业生产来填补家庭预算。2007年，黑山国内生产总值增长率为10.7%，2008年增长率为7.5%。2008年，全球金融危机的爆发导致黑山经济衰退，黑山国内生产总值增长下降为4%。然而，尽管面对全球经济衰退和金融危机，黑山仍然是外国投资的对象，也是巴尔干地区唯一外国直接投资总额增长的国家。黑山经济显示出对外国直接投资的巨大依赖使其容易受到外部冲击和高出口与进口贸易逆差的影响。黑山的经济主要是以服务为主，正在向市场经济过渡。黑山中央银行不是欧元体系的一部分，但在货币使用上仍然坚持以欧元为法定货币。

黑山于2012年6月开始与欧盟进行磋商，力争在2020年之前加入欧盟。在最近的欧盟委员会关于黑山的报告中，欧盟委员会强调黑山维护宏观经济稳定的重要性，并指出黑山公共债务急剧上升、财政赤字高涨以及外部失衡和高失业率，这引起了人们的关注。此外，大规模公共基础设施投资和若干昂贵的社会支出计划，都对财政的可持续性提出了挑战。

第二节　经济体制的沿革和经济现状

一、经济体制沿革

（一）第二次世界大战后的黑山经济体制

1. 经济体制的初步建立

第二次世界大战后，黑山作为南斯拉夫社会主义联邦共和国的一部分，在领导人铁托的带领下开始重建经济秩序与体制。起先，由于缺乏建立和管理社会主义国家的经验，南斯拉夫社会主义联邦共和国的经济管理体制完全照搬苏联模式，建立了高度集权形式的经济管理体制。这对于当时"一穷二白"的南斯拉夫联邦共和国而言可以集中力量办大事，从而加速了南斯拉夫联邦共和国经济的恢复与发展。但是，由于政治原因，南斯拉夫遭受苏联和东欧国家的经济封锁，这一经济体制的弊端马上就显现出来了，国内经济顿时陷入困境。在当时的内外交困的政治经济环境下，南斯拉夫领导人铁托开始带领南斯拉夫积极探索一条与苏联模式完全不同的社会主义道路，对经济体制开始进行全面改革，以期摆脱当时的经济困境。而这个时期的经济体制的建立与发展主要分为三个阶段。

第一阶段（1950—1963年），实现工人自治，增强企业活力。主要措施如下：精简机构、下放权力，逐步实现政企分离；国有制改为社会所有制，企业逐步成为独立的商品生产者；改革计划经济制度；调整农业政策；改革商品流通和价格制度；逐步改革收入分配制度，扩大企业财权；金融系统改革。

第二阶段（1964—1971年），扩大自治范围，实行市场经济和对外开放。主要措施如下：扩大自治范围；取消投资由国家拨款的制度，发挥企业和银行在扩大再生产中的作用；国家取消对亏损企业的补贴，同时使各类企业对国家应尽的义务基本相同，以便企业在更加公平的环境下参与市场竞争，优胜劣汰；进一步改革价格制度；实行对外开放。

第三阶段（1971年开始），实行联合劳动体制。1969年南斯拉夫共产主义者联盟（共产党）九大根据马克思关于"自由联合劳动"的思想确定了联合劳动的原则，这在1971年宪法修正案、1974年宪法和1976年的联合劳动法中均有明确规定。1971年后，各经济组织开始按联合劳动原则进行改组，作为经济主体的企业被联合劳动组织所取代。联合劳动组织形式分为基层组织、劳动组织和复合组织三级，以基层组织为基本核算单位。它们通过自治协议联合而成，可以自由加入和退出。在经济部门和社会事业部门之间也实行联合，根据"自由交换劳动"的原则，通过签订自治协议联合成各种自治利益共同体。与联合劳动体制相适应，在各级议会中设立联合劳动院，并建立联合劳动法院，以维护联合劳动的利益。

2. 向市场经济过度的经济体制

1988年3月成立的经济体制改革委员会向议会提交了《经济体制改革的基本依据》，该文件认为《稳定经济长期纲领》已经同目前社会经济危机的深度不相称，必须进行更加广泛和激进的改革才能走出危机。随后，黑山通过修改宪法来保证市场经济的合法性，关于经济方面有以下内容：充分发挥经济规律和市场作用，保证市场的统一；规定现在劳动和社会资本都是管理和占有劳动成果的基础；企业和银行是在商品生产和市场规律作用下独立经营的基本主体，可发行有价证券、吸收私有资金和实行股份制；企业在市场规律作用下独立制订计划，国家负责制订中期计划并为其实现采取经济政策措施；企业在市场作用下实现收入分配。

（二）南斯拉夫联盟下的黑山经济

2000年10月南联盟新政府执政后，迅速开始了国家重建和经济恢复。然而由于经济长期低迷和国力衰退，导致资金匮乏，负债累累，南联盟在无外部援助的情况下难以恢复本国经济活力。因此，南联盟的当务之急是迅速恢复对外关系，重新安排债务问题，获得国际社会的资助。2000年12月南联盟恢复了与国际货币基金组织的关系，很快又恢复与世界银行、欧洲复兴开发银行等其他国际金融组织以及欧盟和美国的关系。南联盟在债务和经济援助方面得到了国际社会的广泛帮助。2001年6月在世界银行和欧委会发起的捐助会议上，通过了对南联盟的经济重建提供13亿美元的计划。2001年11月巴黎俱乐部勾销了南联盟66%的债务。2004年6月伦敦俱乐部勾销了26亿美元的62%的债务。世界银行与南联盟的债务进行了清理与延期。IMF于2001年6月向南联盟提供2.56亿美元优惠贷款，于2002年5月又批准了向南联盟提供8.29亿美元的三年一揽子贷款计划。新政府在政治上积极靠近西方和美国，提出加入欧盟的目标，从2001年7月开始加强与欧盟的联系，筹备入盟的准备工作，欧盟将南联盟作为入盟的候选国，让其按欧盟的标准进行改革。2003年南联盟更名为"塞尔维亚和黑山"，确定以加入欧盟作为其政治、经济和安全的最高目标，法律上逐步与欧盟国家协调靠拢，加快入盟的进程。

(三)黑山独立后的经济体制改革

黑山独立后,计划加入欧盟和世界贸易组织以期重振经济。为实现此目的,黑山进一步开放市场,对私有财产加大保护力度,通过创造环境和政府政策来减少预算赤字,降低通货膨胀,发展新制度框架。此外,通过并实施反腐败法使黑山能够实现经济竞争地位的提升,并吸引国外直接投资。2007年1月18日,黑山加入国际货币基金组织和世界银行,进一步加强区域经济合作,大力推进私有化过程。在制定相关法律法规之后,黑山采取了两大措施:一是通过国际招标的方式,将30个黑山公有企业的股份出售给一些跨国投资者;二是通过大规模销售凭单的方式进行私有化,黑山政府计划把总计约25亿德国马克的国家资本实施分配。在金融方面,黑山向有对外投资的公司和个人提供一定的信用额度,并帮助财务部门提升开发风险承受能力,主要目标在于减少投资的不确定性。在2007年的经济改革中,黑山将监测和报告经济活动和结果、加入欧盟、欧洲一体化进程纳入议程。

二、黑山的经济发展水平

黑山的经济以服务业为主,后期过渡到市场经济。从产业结构占比的角度来看,黑山的经济发展是以服务业为主,第一、二、三产业占比大约为1:2:7。

从增速稳定性的角度来看,农业和工业的增速波动较大,2007年农业增速触底,跌至-10.4%;2011年工业增速跌至-12.3%。与此相比,服务业相对趋于稳定,基本上围绕1%左右的中线波动。

2006年独立后,黑山经济继续转型,发展服务业,吸引外国投资者参与旅游项目和大型基础设施项目,以促进旅游业发展。

2006—2007年,房地产市场蓬勃发展,俄罗斯、英国和其他国家的富豪在沿岸地区购买物业,2008年人均外国投资高于其他欧洲国家,经济因外国直接投资飞速增长。

2010年以后,随着国际金融危机的影响,道路建设延缓、工业以及旅游业水平偏低。2015年黑山经济增长放缓,至2016年增幅放缓至2.1%。

（一）劳动力市场

尽管经济仍有增长，劳动力市场在2016年仍然出现了停滞不前的局面。从2016年开始，《社会保障和儿童保护法》修正案公布，该修正案为有三名或三名以上子女的母亲提供终身福利，她们可以根据失业年限满15年的登记或15—25年的就业而有资格获得政府福利。此后，登记失业人数增加了1万多人，约有4 000名妇女离职，获得了政府提供的福利。同时，受到公共部门工资增长的带动，2016年黑山公民实际工资增长了3.4%，远高于生产率的增长，2016年单位劳动力成本上涨了7%以上，一些贫困家庭的收入有所增加。

（二）贷款问题

随着2012年开始的政府振兴经济的措施和经济复苏，贫困人口（2005年购买力平均为5美元/天）从2012年的19.6%的高峰下降到2016年的12.8%。2016年政府赤字从2015年占GDP的8%下降到4%，主要原因是由于资本支出削减。公共债务增长到GDP的68%，贷款活动轻微回升，2016年不良贷款下降至10.3%。由于基数较低，家庭贷款大幅上涨近11%，2016年9月份达到年初以来的高峰，企业贷款也有所回升，2016年12月份增长了1.9%，银行存款增长了9%以上。由于与建筑相关的进口和大额派息支出的增加，2016年项目赤字进一步扩大，至2016年第四季度达到了19.2%。外国直接投资也下降到GDP的10%，占CAD融资的一半左右。

三、未来经济展望

根据对黑山各项数据的评估，2017—2019年，黑山在大型公共投资和个人消费方面的经济有望增长2.8%。然而，一旦大型公共投资推动带来的增长放缓，经济总体增长率也将必然下降，从而进一步暴露财政和外部平衡存在的缺陷。外部不平衡将再次把财政赤字和债务扩大到接近GDP的21%，随着财政赤字和债务的进一步上升，这将加剧外部脆弱性。2017—2019年黑山的通货膨胀预计为2%。财政赤字预计在2017—2018年将扩大至6%以上，然后在2019年下降到国内生产总值的4%左右。黑山目前的财政赤字需要强而有效的财政整顿措施来补救，以便为2019—2021年达到16%以上的大额融资需求提供有序的各项服务。在B+的信用评级下，黑山要减少赤字并不容易，但是减少财政赤字却是黑山最迫切的经济任务。黑山当前的增长模式正在走向衰弱，公共债务较高。

2016—2018年，信贷驱动、消费、公共设施和房地产投资平均拉动经济增长3.3%，然而，一旦巴尔至巴哈来公路建设结束，经济增长预计将低于1%。黑山2015年的公债（含担保）占国内生产总值79%，短期内可能会超过80%，外债规模翻了一番。黑山财政赤字较大，导致债务和风险进一步积累。在公共投资驱动下开始建设的巴尔至巴哈来公路项目中，黑山共获得9.44亿美元贷款（2014年GDP的23%），财政赤字在2015年达到国内生产总值的8%。公路工程延误导致赤字在2016年下降4%，但恢复建设将扭转这一影响。最重要的是，公共部门工资增加，最低养老金和社会福利（例如三个或更多孩子的母亲的福利）增加了新的支出，相当于GDP的2.5%，这也是每年一笔很高的公共支出。如果黑山政府对此没有调整措施出台，财政赤字将会持续下去。

但是，对于黑山政府来说，减少赤字并不容易。政府自2008年以来，美元债务（美元计价高速公路贷款）也给公共财政带来额外的风险，为了达到既定的财政目标，国家需要把公共债务水平降低到GDP的60%，采取减少债务的措施刻不容缓。鉴于黑山的经济改革势在必行，黑山也致力于与世界银行的洽谈合作。世界银行执行董事会于2017年7月31日批准，向黑山贷款1 400万欧元用于税收改革项目。该项目的发展目标是提高黑山税务局业务功能的有效性，降低公司纳税人的合规成本。黑山的长期愿景是建立一个高效的收入管理部门，其业务办理采用简化的基于风险防控的业务流程，有助于从所有经济活动来源中有效地收取税款并将税款用作相应社会支出。增加合规性审查将带来更为强劲的税收收入来向公民提供基本服务。税收收入管理能力的改善也将支持黑山加入欧盟和与欧盟成员国经济一体化的目标。

四、黑山的经济脆弱性

20世纪70年代末，黑山的经济增长的速度开始放缓，失业人数逐年增加，通货膨胀加剧，外贸逆差扩大，外债迅速增加。20世纪80年代初,还债高峰到来,发生债务危机,进而导致全面经济危机。20世纪80年代后期经济危机进一步加深,整个经济陷入滞涨。发生经济危机的主要原因有以下三个方面:

第一,投资和消费长期超过本国生产能力,经济缺乏扩大再生产能力,新增加的劳动岗位不能满足就业的需求。投资和消费过量,市场上供不应求,导致物价上涨和通货膨胀。

第二,经济比例结构失调日趋严重,基础工业长期落后于加工工业的发展,国内动力和原材料短缺日趋严重,只能依靠进口。

第三,外贸逆差扩大,外债迅速增加。由于后期不再有援助资金,为了弥补对外收支的逆差,只能不断增加对外借款,债台高筑,超过了警戒线。

黑山的经济危机是由南斯拉夫联邦的债务危机间接引起的。由于南斯拉夫联邦无力支付高额债务,在国际金融市场上失去信誉,已经无法通过正常渠道进行借款。因此,南斯拉夫联邦为了应对债务危机,只能求助于国际货币基金组织。国际货币基金组织免除了南斯拉夫联邦部分债务,但前提是南斯拉夫联邦要保证按期还债,同时需要同国际货币基金组织签订条件苛刻的一揽子紧急贷款协议(如要求实行现实利率、现实汇率,放开价格、放开进口等),该协议的实施要接受国际货币基金组织的检查监督,如未达到经济政策目标,则可能终止协议和贷款。在如此严峻的情况下,黑山为了摆脱南斯拉夫联邦债务危机导致的经济衰退,进行了经济体制的改革,颁布了《稳定经济长期纲领的基本依据》以及一系列的法案。同时,黑山采取了一系列的应对措施来恢复和改善本国经济,调整了价格、信贷、财会、收入分配、对外经济关系等。

当前,黑山大的外部失衡仍在不断扩大,加上依赖外部投资,因此黑山经济仍然有较高脆弱性,而且,复杂的政治环境使国内政策的不确定性和结构性改革步伐开始变慢,黑山将面临不小的经济压力。虽然黑山在财政整顿方面向前迈进了一步,但为了实现公共财政的可持续发展,需要采取额外的支出和收入措施。在制定改革政策时,黑山需要考虑到短期的社会影响。但总体上,目前黑山的经济前景乐观。

第三节 农业

一、农业自然环境

黑山国土面积狭小，但是如此狭窄的一个国度却拥有地中海气候、次大陆和大陆性气候，且气候随季节变化而交替。此外，黑山这样一个面积拥挤的地区地形多样，高山、丘陵、盆地、岩溶高原位于其中。黑山的气候主要是受到亚得里亚海以及由深而窄的河谷和山链相连而形成的地势影响。不同的气候带对农业生产有着不同影响。

黑山的不同地区总体降水量分配不等，海岸线附近地区在1 260毫米（乌尔齐尼）与1 940毫米（新海尔采格）之间，中部降水量高达4 500毫米，而内陆地区的降水量为800毫米（普列夫利亚）至1 345毫米（莫伊科瓦茨）。由于年降水量高，黑山除了岩溶区域外，还拥有丰富的水源和水流。这样可以为人、牲畜和农作物提供足够的水。然而，该地区的水难以用于农业灌溉，会影响作物生长致使产量低下，特别是在干旱季节和南部干旱地区。由于灌溉面积不超过2 000～3 000公顷，每年有大约13 000～15 000个低地濒临灭绝，而同时，大约18 000公顷的农地排水系统的问题没有得到妥善的解决。

二、主要农业产区

黑山有着丰富的自然条件，适合发展多样化农业。缺乏低地的丘陵山区是黑山农业发展的主要限制因素，现有的自然条件以及财产关系促成了黑山以小家庭为主的生产规模。在气候条件、农业生产结构、耕地、产量、畜牧密度等公共特性的基础上，黑山可以划分为五个特色区域。

（一）黑山沿海地区

该地区有2万公顷的耕地面积，占黑山领土的11.5%。该地区相对肥沃，由低地和冲积侵蚀而成的土壤、丘陵和低地的石化山体组成。该地区特别适于水果（亚热带水果和橄榄）和田间作物生产，丘陵地区适合小型反刍动物育种。这些地区有大量的药草和野生水果。

（二）波德戈里察和达尼洛夫格勒地区

黑山主要的低地地区的海拔为200米（泽塔和灰岩盆地等），占黑山全部领土的14%。该地区横穿冲积平原和沼泽土壤区域，采用多样化生产，蔬菜是主要的田间作物。该地区的气候也为水果生产提供了最佳条件。

（三）喀斯特地区

喀斯特地貌覆盖了采蒂涅和尼克希奇的中部地区。该地区的耕地面积很小，地形主要分布为喀斯特、沙丘和洼地，数量众多但分散。虽然喀斯特地区占整个地区的21%，但耕地仅占该地区的8%。这样的喀斯特地貌导致水流下渗，缺水干旱，限制植物作物的生产和部分水果生产的产量。这个地区最重要的农业部门是畜牧生产，特别是从喀斯特草原受益最多的山羊生产。肉牛养殖和养蜂在这个地区也是重要的产业。

（四）北部山区

北部山区是占黑山面积最大的地区（约为32.5%），包括黑山中部和北部的所有山区。这个区域的特点是高原居多，通常土壤颜色较深，适宜种植玉米、马铃薯。该地区还拥有大量天然和人造草坪。占黑山领土最大比重的是草原，非常适合夏季牧场牛羊的养殖。一般来说该区域的特征在于植被生长周期短，长时间的积雪覆盖，冬季较漫长，并且秋季和春季时间会发生霜冻。

（五）峡谷地区

这个地区包括利姆河流域和伊比尔峡谷（约占黑山20.5%的领土），比重最大的是耕地，占黑山总耕地面积的32.9%。耕地由河岸梯田和湖泊中堆积而成的土地为主，主要特征为冲积而成的土地和棕色土壤以及低地沉积物，具有适宜的气候条件和可用于灌溉的丰富水源。这个地区的蔬菜生产、水果种植和牲畜业得到较好的发展。

三、农业发展问题

黑山由于工业化较晚且进展缓慢，空气、水和土地未受到大规模工业化的影响，因此拥有大量的未受污染的资源、丰富多样的生物和遗传资源。此外，从黑山农业生产的强度和水平来看，农业也未给黑山造成重大的环境污染。

黑山全国农业用地近52万公顷，占国土总面积的37.4%，其中可耕地面积近19万公顷，播种面积为3.1万公顷，农业用地的绝大部分为牧场和人工草场。2014年主要农产品产量如下：小麦2 162吨，大麦1 617吨，玉米8 726吨，土豆13.7万吨，李子8 775吨，橄榄4 033吨，葡萄3.93万吨。2014年主要畜牧产品和牲畜存栏总数如下：牛10.08万头，羊22.67万只，猪4.23万头，家禽42.11万只。由于黑山的多山地形，加之技术落后，农业并非黑山的支柱产业。尽管如此，粮食生产和农业在黑山经济中仍然发挥着重要作用。根据官方统计数据，农业、狩猎和林业占黑山国内生产总值的11.3%（2004年）。黑山的农业在欧洲的主要国家之中也位于前列。但是，在黑山的农地结构中，广泛的草原和牧场并没有得到充分利用。耕地、果园和葡萄园面积仅占农业总面积的12%。

从现有指标来看，黑山的农业存在以下几个问题：

第一，黑山尚未充分利用其农业生产潜力。自给自足的生产和在市场直接销售的原材料生产占主导地位。除葡萄酒和牛奶产业外，商品市场化生产仍处于较低水平。在作物生产中，葡萄酒（唯一重要的出口产品）成为黑山贸易中重要的产品，蔬菜和部分土豆也都是重要作物。然而，谷物的产量过低，几乎可以忽略不计。黑山很大一部分农业生产价值来源于畜牧业，其中最重要的农产品是牛肉、羊肉和山羊奶。在过去几年里，黑山的畜牧业正向商业化方向发展，而猪肉的生产主要用于自给自足。目前，黑山有出口潜力的牧业产品是羊肉。此外，由于粮食作物产量较低，黑山依旧是农产品净进口国，主要出口产品有葡萄酒和烟草。由于进口农产品贸易总额和产品数量不断增长，外贸赤字也随着进出口贸易的逆差扩大而增加。

第八章　经济

第二，农村人口老龄化加剧。根据2001年的统计数据，黑山农村居住人口的比例占全国的38%。1991—2001年，移民的负平衡（约为1%）和年龄指数压力的不断增加。目前最受冲击的是老年人家庭，他们缺乏应对城镇化和工业化的工作能力，因此只能在农村过着自给自足的生活。

第三，劳动生产率相对较低。它的产生是多种因素共同作用的结果，其中一个最为重要和根本的原因是技术水平较低，因此，农业生产需要大量劳动力的加入。黑山的农业生产多是集中在家庭农场，大多数国有企业在转型期间不再从事农业生产。

第四，黑山粮食生产的结构特点之一是农产品作物在国内生产总值中的份额高于食品加工业。这表明黑山的农产品定价水平较低，农村人口收获的粮食主要是用来自给自足，以及多数通过非正式的贸易渠道进行销售。黑山农业食品加工行业的企业规模普遍不大，该行业中约有70%以上企业的员工不到15人，只有4家企业超过250人。企业规模较小和技术水平较低直接影响了农业食品行业的竞争力，这个问题也从侧面反映了黑山农业食品业技术装备和技术人员缺乏，相应的卫生条件也难以达到国际标准。

根据SWOT分析法来看，黑山农业中存在的不利因素如果未得到良好的改善，可能会长期危及黑山农业的未来发展。未来普遍进行的产业整合和市场开放过程将导致市场销售渠道的变化，价格上涨也将会带来更多的压力。黑山的经济状况、结构性赤字和技术、资本利用效率的低下是黑山农业和农业食品行业发展的另一个挑战。但是，这也从另一个方面说明，黑山农业可挖掘的潜力巨大。如果能开发传统产品，提高当地生产率，通过旅游进行产品销售从而快速回到从前的传统出口市场，加强研究和推广服务，对农业生产者进行技能培训，当这些潜力能够被开发时，黑山农业发展的弊端将更多地被中和，并且农业也将承受较少的不利后果。

基于上述问题，黑山政府与世界银行达成了关于提供农业的财政援助，以增加黑山的农业机构和提高农业发展。政府对农业和农村可持续发展的援助项目由两部分组成：第一，优化农村发展方案；第二，按照加入欧盟的要求和标准加强行政管理能力。为了达成这两个目标，世界银行对黑山提供配套资助，以支持和欧盟兼容的农村发展计划和操作手册中确定的目标措施，并加强黑山的农业咨询和推广服务，帮助客户获得农村发展补助金，同时获得市场、管理和会计数据。

从分析黑山现阶段的农业生产前景来看，黑山未来十年生产技术提高的潜力巨大，国家也将农业现代化置于发展的优先地位。随着黑山农业生产基础设施的加强，农业生产增长预计将达到15%~30%（如马铃薯、水果、葡萄酒、牛奶、肉类等），还有一些行业甚至更多（如蔬菜、橄榄、烟草、谷物等）。但是要实现这一乐观前景，黑山必须继续保持以下两点：第一，健康有利的经济形势；第二，进一步加强制度优化和财政支持，成功实施与世界贸易组织和欧盟的国际一体化措施。如果这些大环境和政策无法得到满足和继续，将导致生产下降甚至发展的停滞以及农业边缘化，必然对黑山在国际竞争环境中产生负面影响，也会对农村地区的发展产生负面影响。

第四节 工业

近年来随着外部环境改善及各项经济改革推进，黑山经济逐步恢复，总体呈增长趋势。黑山主要工业部门有采矿、建筑、冶金、食品加工、电力和木材加工等。尼克希奇与波德戈里察均是黑山的工业中心。

从工业增速和增加值角度来看，黑山工业增加值稳定，但增速波动较大，波动幅度在15%左右。

钢厂、铝土矿、特雷别撒啤酒厂等著名的产业在黑山经济衰退时经历了长期的停滞，但目前已经复苏。这些产业的私有化进程大多已经完成，还有一些行业的私有化尚在进行中。

第五节　交通运输业

一、公路

黑山公路总里程 7 353 千米。黑山南部地区交通系统较发达，北部地区相对较差。由于黑山秋冬季降水较多，大部分路段比较湿滑，北部地区路段会出现积雪冰冻，有些路段也会出现岩石滑落，给过往车辆的安全带来威胁。在旅游季节（6—10 月）由于来往车辆太多，在去往沿海城市方向常出现交通堵塞。与此同时，黑山公路基础设施尚未达到欧盟标准，由此引发的交通问题对于黑山旅游业的发展影响甚大。

为解决公路基础设施的问题，2014 年 12 月 14 日由中国公司承建的黑山南北高速公路斯莫科瓦茨—马泰舍沃段项目正式启动。该项目从中国贷款 6.87 亿欧元，是迄今为止中国政府设立的中国-中东欧国家合作专项优惠买方信贷中数额最大的一笔贷款，且贷款条件非常优惠，体现了中国人民对黑山人民的友好情谊以及帮助黑山发展的诚意。黑山南北高速公路斯莫科瓦茨—马泰舍沃段全长近 41 千米，合同额 8.09 亿欧元，是南北高速公路技术和施工难度最大的一段，桥隧比达到 60%，建设工期 4 年，它将成为继塞尔维亚泽蒙大桥项目后中国-中东欧国家合作的又一成功典范。项目的建成将改善行车条件和沿线人民的生活条件，实现互联互通，增强巴尔港竞争力，拉动黑山和周边国家的经济发展，意义重大。

南北高速公路的建设被黑山视为是国家重点工程，对黑山统筹区域经济发展和旅游业的发展至关重要。

二、铁路

黑山铁路网的主干道是贝尔格莱德至巴尔的铁路。这条铁路在波德戈里察与尼克希奇至地拉那（阿尔巴尼亚）的轨道线相交，全长约 250 千米。但后者铁路线不用于客运服务。

三、航空

黑山有波德戈里察机场和蒂瓦特机场两个国际机场，通过黑山的欧洲航线有E65和E80。黑山航空公司是黑山的国家航空公司，总部位于波德戈里察机场。其执行的定期航班主要飞往欧洲，夏季航班主要是到达欧洲的度假包机航班。

四、航运

黑山的海运较发达，通过巴尔港可至世界各地。巴尔港是黑山的主要海港，建于1906年，这个港口在第二次世界大战期间几乎完全被摧毁，重建始于1950年。尽管南斯拉夫联邦的分裂以及黑山工业部门基础较弱使港口生产大为削减，巴尔港每年仍然处理超过500万吨的货物，但是，黑山工业部门发展较慢仍然导致港口运营亏损多年，产能未被充分利用。黑山政府期望贝尔格莱德至巴尔铁路的现代化和贝尔格莱德至巴尔高速公路的修建能使港口恢复生产能力。

第六节 旅游业

一、概况

黑山的地理位置较好，拥有着黑色的高山、碧蓝的大海、绿色的草地、壮观的峡谷、美丽的湖泊，峡湾风光不输挪威。未经雕琢的天然国家公园环绕在狭小国土上，清新的空气、茂盛的树林、明媚的阳光、蔚蓝的海岸、清澈的湖水、高耸的雪山、饱经风霜的古城，宛如一幅光彩通透的风光画卷。有美国旅游杂志曾形容黑山："拥有如时光倒流的中世纪村落，是欧洲最新、最有味道的旅游点。"黑山还拥有丰富的历史与文化遗产。鉴于黑山所拥有的良好的自然环境以及丰厚的文化与历史底蕴，绿色环保型农业与旅游业被列为国家重点发展产业。黑山旅游业相对发达，夏季为旅游旺季，游客多数来自俄罗斯与欧洲。著名旅游景点包括被联合国教科文组织列入世界自然文化遗产的科托尔老城、奥斯特罗格教堂、圣斯特凡岛、布德瓦老城等。

第八章 经济

20世纪80年代，黑山是一个著名的旅游地。20世纪90年代，南斯拉夫联邦其他地区的战争重创了黑山的旅游业，并破坏了黑山的国家形象，导致黑山经济的全面下跌。直到21世纪初，随着战争影响的削减、黑山的独立呼声增强以及黑山的国家形象恢复，旅游业才开始复苏，访问人数和过夜住宿率都在全面高速增长。黑山政府将国家发展战略定为旅游业优先，这使旅游业成为黑山经济的主要贡献行业。同时，黑山政府采取了许多优惠措施来吸引外国投资者，一些大型项目逐步完工或正在进行中，这使黑山成为亚得里亚海沿线的高档旅游景点。

从2007年开始，旅游业逐渐成为黑山的主要经济来源，黑山也在发展中不断宣传自己的民族文化。其中最具盛名的黑山城市布德瓦曾是俄罗斯富人们的度假胜地之一，这里风景优美，堪比法国南部海岸，加上作为地中海的海运港口，一直颇受俄罗斯青睐。作为新型旅游目的地的黑山并没有仅仅局限于俄罗斯的游客，国家在发展旅游业的过程中积极吸引各国游客。在2010年上海世博会上，黑山就曾以单独展馆形式参加，并且成功吸引数量可观的游客，近些年中国赴黑山旅游人数也正在增加，这对中黑文化的交流创造了良好环境。

旅游业现已成为黑山经济增长的主要动力，占国内GDP的21%，在发展旅游业的过程中，黑山可持续发展的文化理念落实在各处。黑山20%以上的国土面积为国家或国际保护区，并实施一系列措施来进行生态管理。1991年，宪法要求将黑山建设成为世界上第一个生态国家。此后，黑山政府还颁布实施了诸多关于发展可持续旅游业的法律法规、政策、教学规划，并且还设立了诸多可持续发展办公室。

根据2017年2月的统计数据，黑山全国访客量达160万人，位居欧洲47个国家中访问量的第三十六位。黑山的海岸线长293千米，海滩有72千米，沿岸还有许多保存完好的古老城区。《国家地理旅行者》（每十年编辑一次）将黑山纳入"50个终身必去之地"中，黑山海滨胜地圣斯特凡岛被用作杂志的封面。黑山海岸地区被认为是世界旅游中最伟大的新发现之一。2010年1月，《纽约时报》将黑山的乌尔齐尼市南海岸地区，包括维利卡广场、阿达博亚娜岛和乌尔齐尼的美地特兰酒店列为2010年全球旅游目的地。黑山也被列为"2009年度旅游热门景点""目前世界排名第二快速发展的旅游市场（仅落后于中国)"。每年都有许多著名的旅游指南，如《孤独星球》，将黑山作为与希腊、西班牙等世界顶级旅游目的地并列的旅游地点。

二、著名景点

著名旅游景点有被联合国教科文组织列入世界自然文化遗产的杜米托尔国家公园、科托尔老城和索波查尼修道院，其他著名景点还有塔拉峡谷、圣特里普纳天主教堂（建造完成时间比巴黎圣母院早179年）、奥斯特罗格教堂、圣斯特凡岛、布德瓦老城等。

（一）杜米托尔国家公园

杜米托尔国家公园美丽绝伦，它由冰川形成，地上河和地下河流形成独特的景致。欧洲著名峡谷——塔拉河峡谷两侧是浓密的松林，松林中点缀着清澈的湖水，并拥有大面积的特色植物群。公园里山峦起伏，风光秀丽，山石嶙峋的山坡上树木郁郁葱葱，河谷的沙砾石块间涓涓流水清澈透明。蓝天白云下秀丽的冰川湖澄碧如镜，空气清新，阳光和煦，一年四季美丽而静谧。公园内最大的冰川湖叫黑湖，它滋润着塔拉河和皮万河。山谷内洞穴、溶洞、岩洞、峡谷比比皆是，是人们理想的旅游胜地。杜米托尔国家公园还是一个规模巨大的动植物保护区，已发现约700种植物，其中某些种类是公园特有的。

（二）塔拉峡谷

塔拉峡谷位于黑山中部，峡谷长82千米，为黑山最长的峡谷，深1 300米，是欧洲著名的峡谷，塔拉河在峡谷中穿过。峡谷周围被茂密的松树林包围，旁边是深邃清澈的湖泊。塔拉峡谷以天然美景而成为著名观光旅游胜地，溪边钓鳟鱼，在洁白清澈的溪水上泛舟均是深受游客喜爱的项目。由于塔拉河穿过峡谷，峡谷和河流的完美结合使得塔拉峡谷有一段水域可以泛舟，全程需要两至三个小时。

（三）圣特里芬大教堂

圣特里芬大教堂是科托尔最令人印象深刻的建筑，这座天主教大教堂建于12世纪，经历过几次地震后的重建。大教堂的浅色调的内饰与拱形屋顶为这座罗马式建筑增添了特色。圣特里芬大教堂是黑山境内仅有两座双塔教堂之一。这座教堂也被看作是科托尔古城的标志，当地的很多纪念品上都可以见到它的造型。教堂中有许多珍贵的历史文物，如古罗马时期的衣物、用具等，还有精美的古典写实主义油画及浮雕。

（四）科托尔老城

科托尔是亚得里亚海沿岸保存中世纪古城原貌最完整的城市之一，曲折的峡湾和附近高耸的石灰岩崖壁组成了大自然创造的最壮美的地中海风景。旅游指南出版社《孤独星球》票选2016年全球十大最佳旅游城市之首就是科托尔，一座隐藏在锯齿状山脉和海湾中的绝美小镇。科托尔于1979年被联合国教科文组织列入世界遗产名录。沿着科托尔老城"之"字形的石阶山道攀登，有一座中世纪时期的古城堡。城外有护城河环绕，城中有幽深的小巷，每一个广场都立有石制教堂。周边巍峨起伏的山峦与老城融为一体，仿佛随时能让这座小城消失在大自然的巨掌之中。科托尔还有大量的名胜古迹，比如老城中建于1166年的圣特里芬大教堂和在城市周围延伸长达4.5千米的古城墙。而在佩拉斯特湾边上的圣乔尔捷、戈斯帕和什克尔皮耶拉小岛也同样是科托尔附近最著名的旅游目的地。

（五）奥斯特罗格教堂

奥斯特罗格教堂建于17世纪，是东正教的一个圣地。教堂在科托尔中部山里，由山脚和山腰两处建筑组成。位于山腰的教堂部分与山体自然融合，浑然天成，远看好似镶嵌于悬崖上的一幅壁画。它号称是山洞中的教堂，保留了大量的精美壁画，同时还保留着圣奥斯特罗格的圣体和遗物供世人参观。来自塞尔维亚、马其顿、波斯尼亚和黑塞哥维那、克罗地亚的东正教徒到这里朝拜。每天都有许多人席地而睡，对东正教徒而言是一个神圣之地。

（六）布德瓦老城

布德瓦是黑山旅游业的支柱，也是黑山境内最受欢迎的旅游目的地。2007年夏季，该城接待了超过330 000名游客。布德瓦海岸有长达11 310米的沙滩，这座城市巨大的文化遗产、优美的建筑物和令人兴奋的夜生活一起促使布德瓦成了黑山最具吸引力的旅游目的地。由于丰富的夜生活，布德瓦受到年轻人的喜爱，他们进入大街人行道上一字排开的户外俱乐部，狂欢到凌晨一点，大量的年轻人甚至彻夜狂欢。布德瓦酒吧的饮料和食品是这一地区最贵的。从老城延伸出来的长达500米紧靠在几个大的悬崖峭壁之间的小路可以直达布德瓦最著名的莫格伦海滩。布德瓦老城之外并没有太多的历史文化景观，相反，城内大部分区域被新时期的地中海风格的建筑或者私人的两层小楼所覆盖。

第九章　对外贸易与投资

第一节　对外贸易

黑山对外贸易的商品主要是钢铁、钢铁制品、铝及铝制品、玻璃制品、矿砂、矿渣以及矿灰等。其中，主要出口品为低端工业制成品和矿石原料，主要进口品为机械设备以及农产品，贸易结构尚需完善。黑山在货物贸易方面的表现不佳，进口一直大于出口，货物贸易逆差较大。反观黑山的商品服务业，则是出口一直大于进口，处于顺差状态。这说明，相对于货物贸易，商品服务贸易是黑山的比较优势领域。近年来，黑山一直大力扶持以旅游业为主的服务业发展，每年吸引大批国际游客前来观光，已经取得了较为显著的成效。

黑山的进口额除了在2007—2009年有小幅波动之外，总体趋于稳定；而黑山对外出口额十年间几乎保持不变，且一直处于较为严重的贸易逆差状态。严重的贸易逆差对于黑山的国内经济发展和外汇储备产生了负面的影响。但从另一个方面来看，黑山出口额较小恰恰说明其在对外贸易方面存在着巨大的、未被发掘的潜力。

黑山的主要贸易伙伴是欧洲各国。从2016年及之前的统计数据来看，塞尔维亚是黑山最主要的贸易伙伴，塞尔维亚既是黑山最主要的进口国，也是最主要的出口国。这主要是因为黑山与塞尔维亚本是一脉相承：从前两国同属于一个国家，世代交好，国土毗邻，贸易产品互补。匈牙利、意大利、中国等国也是黑山主要的贸易伙伴。中国是当前黑山第三大贸易伙伴。而黑山作为"一带一路"重要的沿线国家，中国"一带一路"倡议将为其提供重大的发展契机。

第二节　对外资的吸引力

一、外资投资状况

自独立以来，黑山吸收外资的力度不断加大，并已取得了不错的效果。按平均占比来看，外商直接投资在GDP中平均占比可达15.7%，但波动幅度较大，仍存在较大提升空间。按人均吸引外资额来看，黑山在东欧地区名列前茅。然而，受2008年金融危机影响，2009~2011年外国在黑山投资额出现较大幅度下降，2012年出现短暂回升，之后一直呈波动态势。2016年，外国在黑山直接投资净流入数额大幅下滑，仅为2.27亿美元，还不及2015年的一半，可见波动幅度之大。从外国投资的GDP占比来看，黑山的外国直接投资净流入占比常年维持在10%以上，只有2016年例外，仅为5.18%。

从投资领域来看，黑山吸引外国直接投资主要集中在不动产、金融以及旅游行业。从投资主体来看，黑山国内大部分外国投资来自欧盟国家，其2012年投资总额达2.82亿美元，占外国投资净流入额的45.48%。从投资类别来看，2012年股权投资占比为53%，同比下降34.2%；银行和企业投资占比为12.2%，同比下降60.8%；不动产投资占比为40.8%，同比下降17.4%。从外资流向来看，外商直接投资主要集中在黑山中部地区，其次是南部沿海地区，仅有不到10%的资金投向北部地区。据国际金融机构分析，未来10年，外国投资将会成为黑山经济增长主要驱动力。然而，若要使外商投资成为国内主要驱动力，黑山还有很长一段路要走。

二、吸引外资的措施

为吸引更多外商前来投资，黑山政府一直致力于营造有竞争力的营商环境。从税收方面看，黑山国内税收制度基本健全，税赋程度居世界中等水平。近年来黑山政府逐步下调税率，企业与个人所得税率均为9%，增值税率为19%。这一举措使黑山于税收方面颇具竞争力。

第九章　对外贸易与投资

黑山国内税收分为直接税与间接税。直接税包括企业所得税、个人所得税和社保费用等，间接税包括增值税、消费税和关税等。根据2015年世界银行公布的营商环境指数中缴纳税款分项指标，黑山在189个国家中排名第九十八位，比2014年下降1位。从外汇流动性方面看，黑山货币兑换便利，外商面临的限制较少。在黑山，外国企业与本国企业在法律上享有同等待遇，外国投资者可以在黑山作为法人实体或自由人进行经营。从资本限制上看，政府对于在黑山的投资资本基本没有限制，投资者拥有自由选择权利。黑山政府鼓励外国投资者在任何产业自由投资，自由转移所有资产（包括利润和红利）。黑山的《外商投资法案》对国外投资者权益进行法律保护，消除了以前一些投资限制，扩展了外国投资者的国民待遇，允许外商将利润和股息返还转移，并对其资本进口设备减免关税。外国投资者可以对黑山国内公司完全控股，可以参与私有化的进程，可以在黑山购买土地。从法律规范性上看，黑山法律制度正趋于完善，司法改革正在进行之中。黑山多年来致力于建立现代市场经济以及进入欧盟市场。因此，政府积极进行法律与经济改革，并于2007年加入中欧自由贸易协定（CEFTA），继而在2012年4月加入世贸组织，旨在为投资者创造更好的营商环境。此外，黑山按照欧盟标准制定了20多个与投资相关的法律，主要有《外商投资法案》《企业法》《破产法》等，法律体系渐趋完备。

第十章　中黑经贸合作现状

中国与黑山人民之间有着传统的友谊。当前在"一带一路"倡议和中国-中东欧国家"16+1合作"机制背景下，两国在经济、科技、文化、教育、交通基础建设等领域进行了大量合作，加强了两国的交流，巩固了两国人民的友谊。黑山由于种种政治和历史原因，仍面临经济规模小、基础设施落后、外贸逆差严重的现状。

第一节　资源合作

一、自然资源合作

中国地处东亚地区，境内气候复杂多样，水资源丰厚，谷物、水果以及肉类产量居世界前列，拥有所有种类的矿石，中国的45种主要矿石储量排世界第三，是世界上少有的矿产资源储存丰富、种类齐全的国家。

黑山位于欧洲巴尔干半岛中西部，气候依地形自南向北分为地中海气候、温带大陆性气候和山地气候。黑山森林和水利资源丰富，森林覆盖面积54万公顷，约占黑山总面积39.43%。在矿产资源方面，黑山铝、煤等资源储藏丰富，约有3 600万吨铝土矿石及3.5亿吨褐煤。中黑两国在自然资源禀赋上的差异促进了双边贸易的快速发展。以铝矿为例，中国的铝土矿质量较差，98%以上为加工困难、耗能高的水硬铝石型铝土矿，而黑山的铝土矿资源丰富，因此中黑两国在此方面有紧密合作。根据海关信息网统计，2016年全年，黑山向我国出口矿砂、矿渣及矿灰类产品共计金额3 098万美元，居黑山对我国出口贸易额的首位。此外，中黑两国在木制品领域也有大量合作。黑山拥有用材林34.8万公顷，占64.1%，防护林6.6万公顷，占12.2%，在木材制品方面具有比较优势；而我国森林覆盖率较低，地区差异大，木材对外依存度较高，大量依靠进口弥补国内市场短缺。

二、旅游资源合作

旅游业是黑山国民经济的重要组成部分和主要外汇收入来源。黑山境内以山脉、丘陵为主，只有沿海地区拥有一段狭长的平原，其中西部的科托尔湾为欧洲位置最靠南的峡湾，该峡湾东岸有已被列为世界遗产的古城科托尔。黑山的地域虽小，但气候反差极大，驱车短短三小时，就可以从年平均日照2 700多小时的地中海气候来到滑雪胜地的冰封雪裹之中，所以旅游市场巨大，旅游者主要来自塞尔维亚、俄罗斯、阿尔巴尼亚等欧洲国家。近年来，中国国内旅游市场逐渐转型，旅游目的地也在发生改变，曾经一些小众地区也逐渐出现在旅行者的视野中。巴尔干地区承载了一代中国人的记忆与情怀，结合旅游业市场转型趋势，巴尔干地区，特别是包括黑山在内的亚得里亚海沿岸地区有望成为中国公民新兴旅游目的地，我国国内旅游业界也有意愿积极开发这一地区的旅游市场。黑山政府将吸引中国游客作为发展旅游业的重要举措。同时，旅游合作也是"一带一路"倡议下"民心相通"的重要组成部分。

2017年5月22日，中国驻黑山大使崔志伟会见了携程网高级副总裁兼华远国旅董事长郭东杰，郭东杰对黑山当地的旅游市场进行了实地考察，并在考察期间与黑山最大的旅行社——飞翔黑山旅游公司进行了会谈并签署了战略合作协议。

三、文化交流

2015年2月，由我国长沙理工大学和黑山大学合作的孔子学院在黑山大学成立，这对中黑两国未来在文化交流与合作方面起到了积极作用。在随后的几年中，我国与黑山在文化、教育、人文、艺术等方面进行了深入的合作与交流，例如，中国艺术团在黑山进行文化巡演、黑山留学生赴中国留学、中方学者访问黑山进行学术交流等。这一系列的友好往来不但丰富了黑山人民对于华夏文明的认知，也将进一步增进双方的文化和情感交流。

第二节　技术合作

一、农业技术合作

农业是黑山经济的重要组成部分。全国农业用地面积近52万公顷，约占国土总面积的37.4%。农业用地中绝大部分为牧场和人工草场，可耕地面积近19万公顷。在黑山的山区和沿海地区，畜牧业生产占农业总产值较大比重（肉类和乳制品占比约为60%），水果、蔬菜和葡萄酒占比约30%，其他行业占10%。根据海关信息网的数据，2016年，黑山向我国出口饮料、酒共计11.49万美元。黑山农业的特点是多为小型家庭农场，生产规模较小，生产率水平较低，但黑山农作物的杀虫剂和化肥使用量较少，这具备了发展绿色有机农业的潜在条件。根据2010年的农业普查数据，黑山有48 884名农户，有10万人直接或间接参与农业相关活动。农业在缩小黑山贫富差距上扮演着重要角色。黑山北部地广人稀的地区与中部和沿海地区相比显著落后，而几乎六成的贫困人口集中在农村地区（主要是黑山北部），农业的发展与进步很大程度上可改善贫困地区生活水准，缩小黑山国内的贫富差距。除此以外，黑山的农村、农业发展也将成为欧盟整个农业的一部分，在2007年与欧盟签署了《稳定与联系协议》后，到2013年年底，黑山的农业市场终于向竞争力极强的欧盟和中东欧自由贸易区敞开了大门，这一举措促使黑山农业的质量和水准逐步向欧盟的高标准靠近。

中国自古以来就是农业大国，历经了几千年的历史变革后仍然保存了大量的种植技术、养殖技术和农作物保护技术。尤其是迈进新中国后，人口的巨大增幅导致了粮食的极度匮乏，刺激了中国农业技术的革命创新，例如袁隆平院士培育的"超级杂交水稻"，解决了世界1亿多人口的粮食问题，我国的传统农业开始向现代化生产和经营管理发展。改革开放以来，中国的粮食产量稳步增长，创造了以世界7%的土地养活世界19%的人口的奇迹。2004以来，中国粮食连续十年增产，2016年，中国粮食生产产量高达6.162 4亿吨，人均粮食445.7千克，远超世界平均水平。

对比中黑两国的农业发展现状，既有共性特征也存在诸多差异，互补性较强，在未来仍然有巨大的合作发展空间。中黑两国均面临提高农业部门竞争力、减贫致富以及提高食品安全监管的重任。就差异性而言，两国地理环境不一致，我国可耕种土地分布不均匀且产量不一，黑山虽山多地少但可耕种面积仍然可以利用开发。另外，中黑两国的第一产业结构有显著的差异，黑山的主要农业是畜牧业，其他农产品依赖进口，而我国的农业结构呈多元化。最后，两国的农业规模也存在明显差异，黑山农业规模小而我国农业规模十分庞大。

在食品安全方面，黑山从政府、科研机构、企业以及民众四个方面出发，制定食品安全的监管系统。政府制定相关法律法规，严格控制食品安全的源头，科研机构承担安全检测的职责，进行二次"把关"，企业建立自己的质量检测系统进行自我排查，政府予以财政补贴带动民众参与食品安全检测的积极性。经过多年努力，黑山的产品质量终于达到了欧盟的要求和标准，黑山对安全检测的流程和经验值得我国借鉴。

中国政府重视农业科技的创新和农业科技传播系统的建设，农业发展处于领先阶段。中国政府还重视农业发展的整体规划，引导政策和市场措施较为健全，更加注重农业财政预算，在农业的总战略规划和整体管理上十分值得黑山借鉴。除此以外，中国的农业科技水平十分发达，拥有成熟的种植、养殖、培育技术，相对于黑山处于优势地位。因此双方可进行农业技术的交流与合作，如交换样本培育苗；进行农业信息、资料、出版物的沟通；成立农业考察团至黑山进行因地制宜的指导等。中黑双方在农业方面的合作和投资是两国合作的潜力领域。

以黑山向我国出口葡萄酒为例。葡兰达莎是斯库台湖产区鲜食葡萄和酿酒葡萄最大的种植者，有2 310多公顷葡萄园，年产葡萄220万千克。威尔娜和科尔萨克是黑山独有的酿酒葡萄品种，自古以来一直在本土种植，世界上许多国家企图把它移植栽培都没有成功。葡兰达莎公司和中国中化集团之间签订了合作协议，这使中国人民品尝到了优质的黑山葡萄酒，又增加了黑山的葡萄酒出口额。

❋ 二、交通基础设施建设领域合作

黑山交通基础设施落后。南斯拉夫联邦解体后，受国际制裁以及资金不到位等因素的影响，黑山的交通基础设施改善缓慢，运输成本高居不下，阻碍了国家经济发展。黑山公路主干道长850千米，次干道长950千米，地方道路总长5 300千米，路网密度较高，呈现地区不均衡状况，南部地区交通系统较发达，北部地区相对较差。由于黑山秋冬季降水较多，路段容易潮湿，北部地区更易出现积雪、冰冻和岩石滑落，给过往车辆的安全带来了威胁。2016年，黑山铁路总长326千米，以单轨为主，靠电力驱动，均有速度限制。铁路系统以波德戈里察为枢纽与塞尔维亚相连接，由于缺乏资金维护，黑山铁路运输存在设备老化、机车保养不善等问题。黑山有两个机场，分别位于波德戈里察和蒂瓦特，均可直飞欧洲主要城市。黑山有293千米长的海岸线，水运较发达，主要港口有四个，其中作为亚得里亚海区域最深的天然良港的巴尔港口最为重要，经此港可至全世界各个国家和地区。

面对落后的交通基础设施状况，黑山政府也急切希望通过改革来改变这种局面。2007年，黑山政府出台《交通发展战略规划》，为确保交通现代化与经济、社会发展、环保相契合以及政策的延续性，规划确定了行动计划与目标，大力发展陆、海、空运等交通设施，分阶段分步骤地完成相关设施的修缮与现代化过程，以确保交通与其他重要部门平衡发展。此外，黑山还努力发展水电与天然气项目，以满足国内日益增长的能源需求。但是仅靠有限的自筹资金和已有的外国贷款远远无法满足新项目建设和旧项目的改造所需。近年来，黑山将合作的目光转向中国，积极寻求中方企业合作，来投资一些迫切需要上马的大项目。

中国的基础设施建设在改革开放进程中突飞猛进，取得了举世瞩目的成就。首先，中国在能源、通信、铁路、高铁、公路、港口、机场、口岸等各个领域的建设取得了明显成果，高铁、机场等许多领域的技术都已处于世界先进水平，甚至超越了发达经济体。从基础设施项目的规划、设计、施工到相关机械设备和自动控制系统的安装、运营与管理，乃至设备维护和人员培训，中国的优势贯穿基建全产业，其次，我们的成本控制能力也很强，相对于西欧国家的基建设备价格水平很占优势。再次,在"走出去"开展海外工程建设的过程中,我国积累了丰富的经验。无论是技术含量、先进程度还是建设能力,中国基础设施建设均属世界一流。在基建技术方面,我国占绝对优势。以中国高铁为例,我国高速铁路虽然起步较晚,但凭借我国引进技术、消化吸收和创新技术的路线,中国高铁不但造福于中国百姓,同时也为世界人民带来了福音。中国高铁技术成熟(高速、安全、稳定、舒适),制造成本也远低于其他高铁制造国,并且在建设管理和运营方面经验、教训都非常丰富。2017年6月26日,"复兴号"由京沪双向首发,标准时速达每小时350千米,正式进入中国动车标准组时。

综上所述,中黑两国在基础设施建设方面有很大的互补空间,且基础设施领域的项目可能是未来的两国积极合作的关键。目前,中黑基础设施建设项目已经取得了一定的成果。例如,黑山南北高速公路斯莫科瓦茨—马泰舍沃段由中国交通建设股份有限公司、中国路桥工程有限责任公司承建,全长近41千米,建设工期四年,是南北高速公路技术和施工难度最大的一段,桥隧比达到60%。黑山南北高速公路是该国第一条高速公路,主干道全长约180千米,拟分五段建设。根据黑山政府规划,斯莫科瓦茨—马泰舍沃段将优先建设。该公路建成后将并入国际公路交通网,连接中部欧洲的多个国家,对黑山经济发展具有重要意义。黑山总理米洛·久卡诺维奇将这一公路建设项目称为"历史性工程"。同时,作为中国-中东欧国家合作重要项目,这条高速公路建设也得到中黑两国领导人和政府部门的大力支持。项目的建成将改善行车条件和沿线人民的生活条件,实现互联互通,增强巴尔港竞争力,拉动黑山和周边国家的经济发展。在资金方面,黑山高速公路项目中一期项目共需8.09亿欧元,其中85%由中国进出口银行提供贷款,共计6.87亿欧元,剩余15%由黑山政府提供,是迄今为止利用中国政府设立的中国-中东欧国家合作专项优惠买方信贷中数额最大的一笔贷款,且贷款条件非常优惠,体现了中国人民对黑山人民的友好情谊以及帮助黑山发展的诚意。

由中国路桥工程有限责任公司承建的黑山南北高速公路斯莫科瓦茨—马泰舍沃段项目启动仪式在黑山首都波德戈里察隆重举行。仪式的举行标志着这个承载着中黑两国政府的厚望、象征着两国人民友谊的项目正式迈向实施阶段。黑山总统武亚诺维奇、议长克里沃卡皮奇、总理米洛·久卡诺维奇、交通部部长布拉约维奇、中国驻黑山大使崔志伟、中国交通建设集团总裁陈奋健、中国路桥工程有限责任公司董事长文岗以及中黑双方代表近100人出席项目的启动式。基础设施建设对于国家的经济发展至关重要。黑山南北高速公路是黑山历史上最重要的发展项目，它的建成将不仅对黑山的经济发展意义重大，同时还将大大提升黑山的公路交通安全。

2015年国庆期间，中国铁建中土集团收到黑山铁路公司发来的黑山科拉欣—科斯段铁路修复改造项目中标通知书。项目成功中标，实现了中国公司在欧洲铁路市场的重大突破。该路段全长9 864.70米，中铁建中标项目包括路基处理、修补挡土墙等线下工程，更换道砟、木枕等轨道工程，接触网线、回流导线、地线等调整工程。国资委评论称，该项目是中国铁建进入黑山市场以及日后进入中东欧其他国家市场的契机。在中国"一带一路"倡议和中国与中东欧国家合作框架下，它将为中国企业今后更多、更好地参与欧盟更广阔的市场，为在欧洲的纵深发展奠定基础、积蓄能量。

中黑两国基础建设项目的实施将会进一步推进中黑两国友好和务实合作，也将成为中国-中东欧国家合作的又一成功典范。

三、医学技术合作

自古以来，中医药就是古丝绸之路沿线国家交流合作的重要内容。近年来，随着健康观念和医学模式的转变，中医药在防治常见病、多发病、慢性病及重大疾病中的疗效和作用日益得到国际社会的认可和接受。中医药是中华民族的瑰宝，积聚着我国几千年来医学从业者的努力和心血。为加强与"一带一路"沿线国家在中医药（含民族医药）领域的交流与合作、开创中医药全方位对外开放新格局，国家中医药管理局、国家发展和改革委员会共同发布《中医药"一带一路"发展规划（2016—2020年）》，为我国中医药科技走向海外打下了坚实的基础。

黑山的医疗处于中等水准，医疗费用较高，全民享受医保待遇。但是与所有的西方国家一样，疾病的预防、治疗都属于西医方式，缺乏中医参与。黑山是中东欧最小的一个国家，但却是响应"一带一路"倡议最积极的一个。2012年5月30日，黑山驻华大使莉尔雅娜·托什科维奇女士拜访了国家中医药管理局副局长于文明。于文明副局长向托什科维奇大使简要介绍了我国中医药事业发展情况并表示，中国政府重视与黑山的中医药交流与合作，愿意在积极落实两国卫生合作谅解备忘录过程中就中医药教育培训方面优先开展合作。托什科维奇大使转达了黑山卫生部的合作建议，希望首先邀请中方专家赴黑山考察当地实际情况，其后由中方酌情派遣专家赴黑山，对黑山医疗人员进行针灸治疗痛症方面的培训。于文明对黑方的建议表示赞同，双方分别指定了合作事宜联络人，以便加强日常工作沟通，尽快促成合作。

黑山人民对中医药的积极态度带来了期望的结果。2017年，由四川省中医药管理局与黑山合作的"中国–黑山中医中药中心"在黑山首都波德戈里察揭牌。2016年12月，四川省协助黑山卫生部制定中医药相关行业标准，这是四川省首次帮助友好国家制定中医药行业的海外标准。中国–黑山中医中药中心是目前黑山唯一一家专业中医诊所，该诊所与成都中医药大学附属医院合作，由来自该医院的具有专业中医知识的医生为黑山及周边国家病患提供包括中医内科及推拿、针灸、拔罐等多种中医诊疗服务。

2016年11月30日，中国–黑山中医中药中心与飞翔黑山旅行社合作备忘录签字仪式在波德戈里察希尔顿酒店举行。根据该备忘录，双方未来将在健康旅游线路的设计和推广、针对游客特点的中医药产品研发等方面进行合作。中国驻黑山大使崔志伟出席签字仪式。飞翔黑山旅行社是目前黑山最大的旅行社，主打俄罗斯和中东欧市场，与俄罗斯、白俄罗斯、乌克兰等国的主要城市开通有包机线路。近年来，飞翔黑山旅行社在黑山众多旅行社中率先启动开拓中国客源市场。这一合作项目能够充分发挥双方的优势和特长，不仅能够推动中医药在这一地区的应用，更能丰富以保健旅游为主题的旅游产品，推动黑山和本地区的旅游发展，并服务更广泛的人群。

中黑两国在中医学上存在很大的互补性。我国在中医学上比较占优势，能够为黑山人民带来当地欠缺的中医防病和治疗方法，为当地的医疗卫生带来更多美好的可能性。在此合作下，黑山不但弥补了中医疗法的欠缺，还将中医馆与当地的旅游业相结合，形成新的产业链，为当地的经济发展做出了贡献。

第三节　产业合作

一、黑山的产业结构

黑山的产业主要集中在第三产业，即服务业，主要包括批发零售、住宿餐饮、房地产、电信、金融等。其次是制造业，主要工业部门有采矿、建筑、冶金、食品加工、电力和木材加工等。农业在黑山所占比重较低。2014年，黑山第一产业占比10.20%，第二和第三产业分别占比20.30%和69.50%。

产业结构的不平衡影响了黑山的经济发展，第三产业占比过大，第二产业资金短缺，第一产业占比低下，结构单一，主要为畜牧业，其他的农业产品主要依靠进口，致使黑山国内的果蔬价格偏高。

二、中国的产业结构

中国的第二产业占比高于黑山，这是由于中国的制造业比较发达，在投资的基础上，制造业迅速成长起来并拉动了经济快速发展，在国民经济中占比重较高。近年来，我国一直致力于产业结构调整和优化升级，由世界代工厂的"中国制造"走向"科技+品牌+生产+服务"的"中国智造"。第三产业在这几年也是发展迅猛，产业也更加多元化。

然而，我国产业结构升级目前仍面临着技术缺乏、国际竞争压力增大、就业压力和体制机制障碍等四大挑战。美国、德国和日本等发达国家期望通过工业再制造战略再次夺回在全球制造业的优势，印度、巴西和南非等发展中国家也有可能后来者居上。因此，如何顺利完成产业结构调整、优化和升级亦是我国的当务之急。

三、中黑两国的产业合作

对比中黑两国的产业结构，双方在产业结构上的差异是十分明显的。处于不同发展阶段的中黑两国可以在很多领域进行广泛的合作。双方产业结构的互补性可分为产业间互补性和产业内互补性。

（一）产业间合作

双方的产业间互补性为双方的贸易和经贸合作提供了更多的可能性。回顾过去十年的贸易往来，黑山主要向我国出口资源密集产品，例如铝矿、木材制品等。与发达国家相比，黑山更倾向于对自然资源的出口，而我国的自然资源由于人口问题正在逐步减少，某些自然资源紧缺，可通过向黑山进口解决，缓解我国资源压力。我国在制造业的水平属世界一流，可以与黑山进行更多的交流与合作，既能帮助消化国内剩余产能，又能改善黑山制造业薄弱的困境，提高当地人民的生活水平。

（二）产业内合作

根据前文所述，中黑两国在农业存在很强的互补性，农产品也成了双边贸易的主导商品，产业内贸易成为贸易的重要组成部分。中黑两国在农产品的种植和养殖技术上存在互补性。黑山的农产品食品安全技术值得我国借鉴，拥有相对优势；我国的农业科技创新和现代化农业管理技术也具有很高的价值。我国"一带一路"倡议和中国–中东欧国家"16+1合作"的不断深化，将促进双方的贸易和黑山改善产业结构。

黑山国土面积小，人口不多，能源短缺，这是黑山不可逆的自然地理因素，但是其风景优美，是理想的度假胜地。我国国内如今兴起了小众旅游文化风潮，中黑双方在旅游产业上有明显的互补性。旅游业技术含量相对较低，在短期内即可获得可见收益。在技术层面的互补性才是双方经济互补性的核心内容，想要全面提高中黑两国的经济合作水平，必须努力拓展全方位、多层次和多形式的技术合作。总体上看，黑山的技术水平偏低，而我国的技术水平，尤其是在基础设施建设方面，拥有一定的优势，双方交流合作的潜力巨大。因此，双方在未来应该进一步加强制造业和工业科技水平的合作，弥补黑山的制造业薄弱、基础设施落后的弱势，同时也帮助我国调整和优化产业结构，达成互利共赢的目的。

第十一章　中黑经贸合作中存在的问题与对策

黑山虽是巴尔干地区的小国，但它也是中东欧的重要国家之一，而中东欧国家是连接亚欧大陆的桥梁。中国与黑山的经贸合作虽然存在着诸多困难，但都需要努力克服，因为中黑两国友好的经贸关系对于中黑两国的经济发展以及中国与中东欧地区的长期稳定协作都具有重要意义。

第一节　中黑经贸合作现状分析

一、黑山国内经济状况

自从2006年黑山独立以来，黑山的社会和经济发展均取得了长足进步，巩固了其在巴尔干半岛的地位，并被证明是一个安全、政治稳定和经济上可以快速增长的国家，黑山的安全和繁荣促进了其加入欧盟和北约。2012年3月，黑山成为世界贸易组织的正式成员。

2006—2008年，黑山国内生产总值以年均9%的速度迅速增长；2009年，在出口剧减、信贷水平下降、市场信心受损及劳资冲突升级等多重因素作用下，经济大幅收缩后，经济持续以约2%的速度增长。

2016年，黑山国内生产总值为41.73亿美元，同比增长3.8%，通胀水平近年来保持在较为合理的曲线范围内。世界银行预期，受外资对旅游业和能源业投资及公共投资扩大刺激，2017—2019年，黑山经济有望增长3.2%左右。

十年来，黑山取得了显著的经济进步，平均每年GDP实际增长3.2%，平均工资实际增长33%，养老金增长约100%，就业人数增加约46 000人。由联合国统计的人类发展指数（HDI）显示，2014年黑山在187个国家中位列第五十一位，是HDI高指数国家。根据上述指标，除了克罗地亚，黑山的排名在中欧地区处于领先地位，甚至领先于一些欧盟国家。2010年，欧盟给予了黑山加入欧盟的候选国地位。2017年6月5日，黑山正式成为北约第二十九个成员国。

虽然黑山的整体经济形势一路向好，但是在规模经济、产业结构分布和能源储备方面仍然存在着很大问题，失业率也一直居高不下，制约着黑山经济向更好、更健康的方向发展。

二、中黑贸易现状分析

（一）中黑双边贸易额总量情况

2006年7月，中黑建交以来，两国保持了良好的政治、经贸双边合作，双边贸易不断扩大。2006年8月，中黑签署《中黑政府经济贸易协定》，此后定期召开中黑经贸联委会。2011年6月，两国签署《关于加强基础设施领域合作协定》。根据海关信息显示，2012年，中黑贸易额为1.67亿美元，同比增长63.6%。其中，中方出口额1.46亿美元，同比增长62%；进口额2 118万美元，同比增长75.7%。2013年双边贸易额1.03亿美元，同比下降38.8%。其中，中方出口额8 633.9万美元，下降40.8%；进口额1 628.4万美元，下降26%。

除2013年的贸易额明显下降外，中黑两国双边经贸关系呈快速发展趋势，贸易规模也不断扩大，在各领域的合作成果显著，2016年，中黑双边进出口总额为14 090万美元，同比下降11.1%，但是中国对黑山的贸易一直处于贸易顺差状态。

（二）中黑双边的贸易产品构成

2016年，黑山对我国出口的主要产品是矿砂类和酒。两种产品分别为0.309 8亿美元和0.011 5亿美元，占黑山对我国全部出口额的95%和3.5%，几乎构成了黑山对我国出口的全部产品。

我国向黑山出口的产品丰富多样，主要包括电器产品、塑料制品以及机械及零件，2016年出口额分别为0.186 4亿美元、0.126 5亿美元、0.116 9亿美元，分别占我国向黑山出口额的17.2%、11.6%、10.8%，我国是黑山除欧洲地区外最大的进口国。

（三）中国是黑山在亚洲地区最大的进口国

黑山严重依赖进口，贸易逆差日益严重。黑山的主要贸易伙伴为塞尔维亚、意大利、希腊、克罗地亚、中国等。据黑方统计，2016年黑山对外贸易总额为23.8亿欧元，同比增长11.8%，其中出口3.258亿欧元，进口20.6亿欧元。中黑贸易总额为2.035亿欧元，占黑山对外贸易总额的8.6%。

三、黑山利用外资情况和环境

（一）外商在黑山投资现状

黑山整体经济规模小，且人口少，许多基础设施还未完备，本国几乎没有资本雄厚的跨国企业。因此，在国际投资方面，黑山主要依靠外商对本国投资。

2016年，外商在黑山的直接投资总额约为7 000万美元，对黑山旅游业的投资比例稳定，但相较以往仍然有所下降。黑山政府将原因归于全球经济的不景气，以及行政管理缓慢而致使外商没有实施投资。黑山南部有所改善，北部地区仍然明显落后。在黑山地区外国直接投资总额占全部经济总量的6.3%～8.1%。

黑山吸引来自107个国家的投资者进行投资，主要来自俄罗斯、意大利、奥地利、瑞士和塞浦路斯。投资者投资黑山的重要原因在于黑山的税收制度，但这也并不是吸引外国投资者唯一的因素。自由的贸易环境、健全的法律体制和稳定的宏观因素在经济中的作用虽小，但也扮演着重要的角色。黑山也正在通过同外国经济体的合作来逐步加强这些因素的稳定性。

2016年，投资黑山最多的资金来自挪威，其直接投资额占投资总额的30%。其次是意大利，而后是俄罗斯。黑山外商投资中股权投资金额为2.188亿欧元，占2016年外商直接投资流入总额的44%。房地产投资总额为1.174亿美元，公司和银行的投资额为5.96亿欧元。

（二）黑山投资环境优势

1. 税收优惠

黑山税收较低，曾被评为"最友好的商业国家"。黑山政府保证投资黑山的外国公司与本地公司将享有同等的法律待遇。外国投资者可以在黑山作为法人或自然人操作。"外国投资者"一词适用于由外国人在黑山设立的公司，或外国法人实体的投资资本占总投资额的25%以上。黑山政府对外商的投资数额没有限制，鼓励外国投资者在任何行业内自由投资，并转出所有资产，包括利润和股息。外商可以获得房地产权，如商业物业、办公空间、居民空间或建设用地。全球所有主流保险公司都在黑山有投资项目。

2. 劳动力资源具有竞争力

黑山虽然是一个只有62万人口的小国家，但是黑山拥有一批具有竞争力的高技能劳动力。每年约有1 300名学生毕业于黑山的大学和学院，其中约有三分之一的学生毕业于技术大学。这些高学历毕业生的加入提高了黑山劳动力的技能水平和素质，增强了黑山劳动力的竞争力。

自从2004年引入《博洛尼亚宣言》以来，黑山将其公共支出的25%用于教育改革，从而提高了劳动力人口的教育水平。黑山不仅拥有高技能劳动力队伍，还为诸如海运业等专业领域提供了一个窗口。由于旅游业高度发达，黑山的劳动者具有双重能力（技术/商业—语言技能）的人并不少见，而且外语被广泛使用，这也为外商在黑山进行投资合作提供了便利。

3. 投资方式便捷

黑山为鼓励外商在黑山进行投资，规定了外国投资者可以投资多种形式的组织来进行商业服务或活动。外商可以投资的领域包括股份公司（股东公司、有限责任公司、有限责任合伙企业和无限责任公司）、私营公司和私营企业、合约公司、银行等金融机构，符合法律规定的保险组织，其他形式的合作和联合经营。

除此以外，黑山规定了外国投资者与国内投资者享受相同的待遇，这意味着外国投资者得到国民待遇，即适用于国内投资者的规定同样也适用于外国投资者，而不是任何可能剥夺其任何权利或限制此类权利的"其他"规定。

四、中国在黑山投资状况分析

中国和黑山有着传统的良好的合作关系,而且近年来黑山政府积极探索与中国在科学、教育、文化、交通基础设施、造船、旅游和农业等各个领域进行经济合作,进一步巩固了中国和黑山之间的友好合作关系。中国对黑山的投资方式主要是海外承包和海外合资,其投资领域主要集中在基础设施建设、旅游业和农业。

2012年,黑山和中国签署了在农业、文化、外交人员培训及经济等领域的合作协议,中国为黑山提供100万欧元的经济发展援助。黑山葡兰达莎葡萄酒集团和中国中化集团公司代表就葡萄酒对华出口、生产原材料的进口签订了合作协议。中国是当前欧洲国家最重要的葡萄酒出口地市场,黑山抓住此次机会推动这方面的经济发展。

2014年2月,黑山政府与中国路桥工程有限责任公司签订了修建黑山南北高速公路的一期工程合同,该项目于2015年初首先启动,由中国进出口银行提供资金帮助。中国路桥工程有限公司是中国最大的国际工程项目承包商之一,它拥有超过100个分支机构,是交通基础设施建设领域的龙头企业,也是中国交通建设股份有限公司的全资子公司。黑山南北高速公路全长169.2千米,其中隧道、桥梁、高架桥占据了总长度的40%(该路线需要建设42条隧道、92座桥梁和高架桥),是欧洲每千米造价最昂贵的公路之一。这条高速公路建设是黑山最大的工程项目,也是欧洲市场上正在实施的最大建设项目之一。

根据中国对外直接投资公报统计,截至2015年年底,中国对黑山直接投资存量为32万美元。相比其他欧洲国家,我国对黑山的投资额甚少,很少有中国企业在黑山当地进行投资,究其原因可能是黑山经济规模小,独立时间不久,再加之中国企业缺乏对黑山投资环境的了解等因素。在黑山的投资项目还是以基础设施建设为主,包括公路和铁路等,投资方式仍然是海外承包工程,并且由于黑山缺乏投资资金,项目资金来源主要借助于中国进出口银行。虽然随着"一带一路"倡议和中国-中东欧国家合作的逐步完善,中黑两国的经贸合作在未来一定会呈增长态势,但我们仍须警惕双边经贸合作中的可能存在的问题,防患于未然。

第二节　中黑经贸合作中存在的问题

一、投资黑山存在的风险

（一）政治风险

黑山国内的政治环境并不是十分稳定，其投资风险性一直处于中等水平。不稳定的政治因素将可能破坏当地经济运行，尤其是黑山这种以旅游业作为支柱产业的小国，抗风险能力弱。再者，政治局势的不稳定也容易导致外资出逃，再次危害原本就不稳健的经济。

第一，民族、宗教矛盾一定程度上威胁着黑山的安全与稳定。黑山尽管民族矛盾较为缓和，但也时常在局部发生冲突。

第二，黑山政府的控制力较为有限，施政经验稍显不足，黑山的外部环境就随时存在恶化的可能性。

第三，统一派并未放弃抗争。2006年黑山全民公投，支持独立的一派只占据0.4%的微弱优势。

第四，黑山如何平衡与俄罗斯和美国的关系将是黑山外交上的重要挑战。

（二）经济风险

黑山是一个有希望在2020年加入欧盟的小型开放的经济体，也是一个特别容易受到外部冲击的经济体，因为它严重依赖外国的资本流入来刺激经济增长。

1. 经济结构严重不平衡

虽然黑山经济近几年一直处于稳步增长状态，但其经济结构极其不平衡，抵御外部风险能力不强。黑山的支柱性经济是旅游产业，属于第三产业服务业。黑山依赖旅游业，缺乏实体经济，制造业和农业在黑山国内的经济规模较小。若旅游业受不可逆因素影响而下滑，黑山国内经济将遭受打击。

2. 主权债务存在问题

（1）长期债务存在可持续性风险。2014年，黑山公共债务超过

GDP的60%，外债超过GDP的100%，债务水平较高，而且政府出资加大基础设施建设，会进一步增加政府债务，最终导致债务的可持续性降低。

（2）短期债务压力尚可。2013年黑山短期债务占国际储备的比重为80%，占GDP的15.8%。黑山经济前景尚好，随着经济增长，债务水平会下降，而且其有一定外汇储备，必要时也可向国际货币基金组织等国际机构求援，因此中短期债务违约风险不大。此外，大型公共基础设施投资和若干新的昂贵的社会支出计划的综合影响，对财政可持续性提出了挑战。

3. 财政赤字

（1）财政赤字走高。2014年黑山政府的财政赤字目标为不超过GDP的2%，但最终估计超过3%。2014年12月，黑山政府通过2015年预算案，预期收入13.3亿欧元，支出15.6亿欧元，财政赤字目标为GDP的6.6%，被反对党批评为负债预算。2016年，预估政府支出会得到控制，但仍超出欧盟财政赤字占GDP 3%的标准。

（2）政府支出增加。黑山政府实施紧缩政策，但2014年以来，财政赤字呈急剧上升之势，政府支出明显增多，主要原因有两个：一是政府计划投资8.09亿欧元建设斯莫科瓦茨—马泰舍沃高速公路，世界银行、国际货币基金组织均予以反对，认为这会增加黑山政府的财政赤字与债务；二是黑山的大型企业波德戈里察铝厂2013年破产，总负债为3.5亿欧元，接近黑山GDP的10%，黑山政府为其做了债务担保。因此，黑山未来财政赤字的控制存在较大困难。

综上所述，黑山内在经济结构不稳定，为实施大规模的基础设施建设，黑山政府背负了大量外债，而财政负担处于持续增长状态，因此加深了许多外商投资者的担忧。

4. 法律风险

（1）司法改革不力。2007年10月19日，黑山通过独立后首部宪法并于同年10月22日正式生效。由于黑山要加入欧盟，必须按照欧盟的标准进行改革，特别是在司法改革、反腐与打击有组织犯罪方面。目前，黑山司法独立性有待提高，存在行政干预司法的问题。2014年10月，欧盟指出黑山在打击腐败与司法改革方面进展不大。

（2）执法成本整体较高。用世界银行2015年营商环境指数中的合同执行可以来衡量黑山的执法成本，可根据从原告向法院提交诉讼到最终获得赔付所花费的时间、费用和步骤来分析合同执行的各项成本。黑山执法成本和时间高于欧洲、中亚等地，在189个国家中排名第一百三十六位。

二、中国在黑山投资的不利条件

（一）面临多国竞争对手

首先，黑山地处巴尔干地区，属于东南欧中部，在地理位置上我国不占优势。在进口同价值重量比的商品时，黑山当地企业更偏向于从地理位置较近的欧洲国家进口。因此，黑山首要贸易伙伴是塞尔维亚、意大利、希腊、克罗地亚等，主要的投资国家是俄罗斯、意大利、奥地利、瑞士和塞浦路斯等，许多欧洲的发达经济体都在地理位置上优于中国。

其次，我国仍处于发展中国家水平，在过去的几十年中致力于发展本国经济，海外投资方向主要投于亚洲地区，在"一带一路"倡议逐步落实后才将投资目光转向于中东欧地区。面对早已进入黑山市场，形成自己品牌优势的跨国公司（主要包括挪威电信公司 Telenor Mobile Communication、日本大同公司、希腊石油公司等），中国投资者需要制订详尽的战略计划。

最后，在中黑最大的合作领域——基础设施建设方面，仍然面临来自其他国家竞争者的挑战。中国经过多年的努力与创新，在制造业方面的确获得了低价格、高技术的竞争优势。然而美国、德国等老牌制造业国家都在积极致力于制造业再创新，这势必会对中国制造业现有的优势造成一定的冲击。

（二）黑山经贸规模较小，投资结构单一

尽管中国与中东欧国家经贸合作不断推进，但中黑贸易合作规模依旧比较小，在各自对外贸易投资总额中所占比重仍然偏低。从两国双边贸易来看，2016年中国与黑山贸易总额为1.4090亿美元，占中国与中东欧地区贸易总额的2.4%左右。中国对黑山投资存量为32万美元，中国企业极少对黑山进行直接投资，主要方式还是借助于海外承包工程。此外，中黑两国的贸易投资结构相对单一而零散。双边贸易

主要集中在机械、电器类和杂项制品。中国对黑山的出口以高附加值产品为主，进口以原材料、初级加工品等附加值低的产品为主。

虽然中国对外投资的发展速度非常快，但是中国在黑山的投资规模很小，层次有限。除了南北高速公路外，中国其他领域的投资企业在黑山少之又少。反观中国对外投资每年都以巨大的增幅发展，2016年，中国对外直接投资总额为1 701亿美元，同比增长44.1%，可见中国在黑山的投资有很大的增长空间。然而，造成目前中国企业在黑山没有实质性投资的原因，可能是中国企业对黑山的商业环境不了解。因此充分了解彼此的投资环境、进一步加强双方的贸易互动是增加双边经贸合作的必要条件。

（三）经贸合作环境不够完善，宏观环境仍需提高

从整体上看，尽管中黑双边经贸环境已经显著改善，黑山近十年经济和政治环境趋于稳定，积极进行产业部门的私有化，逐步迈向开放的市场经济，中国也在同中东欧国家不断加快落实双方的政策机制。然而基础设施建设、投资环境和信用评估方面仍有待改进。一方面，黑山的基础设施，除了正在实施的南北高速公路外，其他的方面也应不断完善。另一方面，中国对黑山的资本市场开发尚未得到充分发展，风险投资和调试基金活动较为有限，中国与黑山在银行、保险等金融领域的合作仍处于空白阶段。

第三节　中黑经贸合作的应对策略

一、进一步加强双边政府层面的合作机制

第一，要加强中国与黑山之间的协商机制。这包括加快落实《中欧合作2020战略规划》，推进中黑在和平安全、繁荣、可持续发展、人文交流等领域的深入合作，促进中欧全面战略伙伴关系在未来的进一步发展，积极推进中国与中东欧国家友好合作十二项举措等政策机制，增进双方的经济战略互信，推进双边务实合作。

第二，加快建设"一带一路"合作机制。在我国大力推进"一带

一路"和"16+1合作"的大背景下,加快出台中黑双方投资促进联系机制,提升双边经贸水平。

第三,加快构建中黑专项投资合作机制。从政府层面引导企业包括从具体领域、投资规模、投资方式等方面,自上而下地在国家间、地方政府间、企业间建立全面的合作关系。

二、完善信息平台,提高中国企业竞争力

首先,中国应加强对黑山以及项目所在地的宗教信仰、文化习俗的了解和学习。加强中黑两国的文化交流、留学生互访和交流,为黑山的留学生提供更好的留学机会,同时重视中黑两国语言研究的专业人才培养。

其次,中国企业也要注重对自身拥有比较优势的产业和技术水平(例如制造业)的不断创新和提高,时刻保持在领先水准,免于被竞争者淘汰出市场。

再次,中黑两国由于严重的信息不对称,中国企业对黑山缺乏深入的了解和清楚的认识,往往造成了中国企业对黑山投资偏低或投资失败。双方应建立信息服务平台,为企业提供信息咨询和投资培训等服务,这种合作既可以是政府层面也可以是企业层面。

中国政府也可以出资设立专门的信息服务中心,建立信息服务平台,搜集黑山的政治、经济和商业数据,分析和评估黑山的投资环境,并分析两国间的比较优势,为中国企业在黑山的投资指明方向。中国政府要树立公共服务意识,创建公共服务型政府,为企业提供创业服务、技术创新服务和员工培训,组织不同类型的企业去黑山考察投资环境。通过对黑山的人文、自然、地理因素的不断了解和深入分析,有助于中国企业制定正确的投资策略。同时,中国企业要不断在管理、技术升级和投资方式等方面学习海外经验,提高自身的竞争力水平。这既能获得黑山的宝贵资源信息,也能不断提升自身的竞争力,在黑山竞争激烈的市场环境中占据有利位置。

三、推进双方在主流领域的合作,提升中国企业友好形象

一是双方应继续加强中黑两国的基础设施建设领域的合作与交流,推动双方利用交通网络建设委员会等机制,加强在公路、铁路、

电力、港口等基础设施建设的合作，切实提高黑山人民的生活便利度。中国企业在黑山的基础设施建设不但要做好，还要做得漂亮。同样以南北公路为例，中国工作人员不但高质量、高效率地完成了黑山的基础设施建设，而且非常尊重当地的文化，积极履行社会责任，帮助当地居民解决用电、用水困难，受到了黑山人民的高度赞扬。树立良好的企业形象对于我国未来在黑山乃至中欧的投资进程都有着重要意义。

二是加强重点领域的经贸合作，大力支持中国企业在黑山的太阳能、水电、风电等绿色环保项目的建设，鼓励双方企业开展科技创新、节能环保、生物技术、农业技术等方面的科技合作。

三是扩大双方的金融领域合作，切实用好中国-中东欧国家合作100亿美元的专项贷款，推进双方互设金融分支结构，签署本币互换和结算的协议，积极拓展融资渠道，加强双边的金融合作。

第十二章　中黑经贸合作发展前景

第一节　"16+1合作"机制

一、"16+1合作"机制的概念内涵

(一) 什么是"16+1合作"？

中国是世界上最大的发展中国家，中东欧国家是欧洲经济的新兴力量，中国与中东欧国家的合作有着鲜明的互利共赢特征。"16+1合作"是中国同中东欧16国为深化传统友谊、加强互利合作而共同创建的合作新平台，也是促进中欧关系全面均衡发展的新举措。

"16+1合作"机制于2012年在华沙建立，在2013年第二次中国-中东欧国家领导人会晤上取得重大发展。"16+1合作"机制是振兴中东欧国家经济的新引擎。这个新的合作平台不仅扩大了互利合作，也深化了中欧全面战略伙伴关系。

"16+1合作"是中华人民共和国旨在加强和扩大与中东欧地区11个欧盟成员国和5个未入盟的巴尔干国家（阿尔巴尼亚、波斯尼亚和黑塞哥维那、保加利亚、克罗地亚、捷克、爱沙尼亚、匈牙利、拉脱维亚、立陶宛、黑山、波兰、罗马尼亚、塞尔维亚、斯洛伐克、斯洛文尼亚、马其顿）在投资、运输、金融、科学、教育和文化等领域的合作与发展。在这一举措的框架下，中国确定了经济合作的三个潜在优先领域：基础设施、高新技术和绿色技术。

2012年4月，首次中国-中东欧国家领导人会晤在华沙举行。会议规划与拓展了中国与中东欧16国互利合作的前景与未来。时任国务院总理温家宝宣布了中国关于促进与中东欧国家友好合作的12项举措，并就推进中国与中东欧国家关系提出四条原则建议。

2013年11月，第二次"16+1"领导人会晤在罗马尼亚布加勒斯特举行，李克强总理出席会晤并提出"三大原则"和六点建议。会晤后，双方共同发表《中国-中东欧国家合作布加勒斯特纲要》。根据纲要，中国与中东欧国家每年举行领导人会晤，梳理合作成果，规划合作方向。

（二）"16+1合作"的主要原则

十七国将相互尊重各自主权独立和领土完整，加深对各自发展道路的理解，结合自身特点、需求和优先方向，本着平等协商、优势互补、合作共赢的原则，积极落实本规划，十七国将在协商一致基础上商定其他合作方参与具体项目和活动的可能性。各国根据各自法规，欧盟成员国根据欧盟相关法规及作为成员国应遵守的政策，开展具体合作。

二、"16+1合作"下的中黑关系

近年来，黑山与中国在"16+1合作"框架下交流日益频繁，经贸合作发展迅速，为两国人民带来了实实在在的好处。

在2012年的华沙峰会中，温家宝总理表示，中黑虽然建交时间不长，但关系发展良好。中国政府愿推动本国企业参与黑山的公路、港口等建设，愿为黑山重建远洋船队继续提供帮助，并加强航运合作。黑山总理卢克希奇表示欢迎中方在能源、信息、交通等领域同黑山加强合作。

2013年的布加勒斯特会议上，李克强总理在与黑山总理米洛·久卡诺维奇会见时表示，中国政府重视发展同黑山的关系，愿进一步巩固两国良好的政治关系，加强铁路、造船、旅游等领域合作。中方支持本国企业参与黑山南北高速公路、火电等基础设施项目建设，愿扩大进口黑山优势产品，推动双边贸易在动态中实现平衡，推动两国合作取得更多成果。米洛·久卡诺维奇赞赏李克强提出的加强中国-中

第十二章 中黑经贸合作发展前景

东欧合作的原则和建议,表示加强同中国的合作有利于黑山经济发展。黑方愿与中方共同落实好公路、电力等合作项目,积极探讨铁路、港口等基础设施合作,推动中国-中东欧国家合作取得更多成果。

三、"16+1合作"以来中黑经贸合作成果

(一)黑山的巴尔—博利亚雷高速公路项目

黑山南北高速公路为黑山巴尔港至塞尔维亚南部边境城市博利亚雷的国际公路,主干道全长约180千米,拟分五段建设。根据黑山政府规划,斯莫科瓦茨—马泰舍沃段将优先建设。黑山南北高速公路中的斯莫科瓦茨—马泰舍沃段全长近41千米,施工难度大,由中国路桥公司承建,项目合同金额为8.09亿欧元。

斯莫科瓦茨—马泰舍沃路线采用黑山的国家道路标准,参照欧洲规范,双向四车道,设计时速为每小时100千米,施工期为4年。高速公路从南到北穿越山脉,技术要求高,施工难度大,桥梁和隧道占到整个路线的大约60%,是近年来黑山最大、最具挑战性的基础设施项目,也是南北高速公路技术和施工难度最大的一段,它将成为继塞尔维亚泽蒙大桥项目后,中国-中东欧国家合作的又一成功典范。在该项目中,黑山本地建筑公司承建项目整体30%的施工量,有效地推动了当地就业、资源利用以及税收等增长。

黑山高速公路项目由中国进出口银行向黑山政府提供贷款9.44亿美元,是迄今为止利用中国政府设立的中国-中东欧国家合作专项优惠买方信贷中数额最大的一笔贷款,且贷款条件非常优惠,体现了中国人民对黑山人民的友好情谊以及帮助黑山发展的诚意。

黑山总理米洛·久卡诺维奇将这一公路建设项目称为"历史性工程"。同时,作为中国-中东欧国家合作重要项目,这条高速公路建设也得到中黑两国领导和政府部门的大力支持。这条公路的建设,仅仅只是中黑合作光明前景的一个开端和一个缩影。好的开始是成功的一半,这条公路可以成为中黑长久友谊之路、合作之路,引领双方共同驶往两国合作的美好未来。

黑山南北高速公路南起巴尔港,北至博利亚雷,与塞尔维亚在建中的E763高速相接。这是黑山的第一条高速公路,项目建成后将并入

国际公路交通网，连接中部欧洲的多个国家，增强巴尔港的竞争力，拉动本国及周边国家的经济发展；同时将改善行车条件和沿线人民的生活条件，将沿线城镇纳入首都半小时经济圈内，实现本地区的互联互通，对拉动国内经济发展具有重要的意义。

（二）中国–黑山中医药中心

中国–黑山中医药中心是继中国–捷克中医中心之后的欧洲第二所中医药中心。

自黑山独立以来，中黑两国传统友好，目前双方在医药卫生领域的交流合作更是不断深化。中国政府重视与黑山进行卫生领域的合作，并将黑山选定为第二个设立中医药中心的欧洲国家，推动促进黑山人民对中医的了解。此举可以让中国和黑山加强中医药领域的交流与合作，同时也可以和黑山一起将该中心打造成欧洲重要的中草药种植和加工基地之一，促进黑山的社会发展和提高人民的生活质量。

近年来，中黑两国在中医药领域的务实合作不断深入，黑山议会在2015年通过法律规定了中医治疗作为替代性医疗的合法地位，黑山首家中国中医院在当地也受到越来越多患者的欢迎。在2016年底，中国–中东欧国家"16+1合作"领导人里加会晤时，中黑两国政府签署了《中国四川省中医药管理局与黑山尼克希奇市政府关于中草药种植及加工的合作备忘录》，并开始推进该项目的正式实施。目前，对当地土壤气候条件的考察研究已形成报告，即将开始进行部分草药品种的实地试种工作。

黑山总统武亚诺维奇认为，里加峰会期间中黑两国签署中医药合作文件后，中方积极派出专家团对尼克希奇进行实地考察，此次又成立了中黑中医药中心，体现出中国政府对与黑山开展中医药合作的积极态度和信心。黑山将全力支持两国间的中医药领域交流与合作，争取早日实现双方的合作愿景，造福黑山人民。

四、"16+1合作"机制下的中黑往来

黑山将融入欧洲–大西洋一体化进程作为首要战略目标，重视发展同大国的关系，奉行睦邻友好政策，致力于促进地区和平与稳定。中国和黑山两国继承了中国与南斯拉夫联邦时期建立的传统友谊与经

济联系。两国2006年7月建交后关系发展良好，政治互信不断增强，双方在经贸、文化、旅游等各领域交流与合作成效显著。

2012年1月，黑山议长克里沃卡皮奇来华出席中国向黑山出口第一艘远洋货轮的交接仪式。4月，中国最高人民法院副院长奚晓明、中联部副部长陈凤翔分别访问黑山。5月，黑山科托尔市市长查托维奇赴西安出席2012"丝绸之路"城市市长会晤。6月，中黑经贸联委会第四次例会在波德戈里察召开。7月，中黑科技合作委员会第一届例会在京举行。中国监察部副部长兼国家预防腐败局副局长屈万祥访问黑山。8月，黑山总理卢克希奇来华出席中方向黑山出口第二艘远洋货轮的交接仪式，回良玉副总理会见。9月，黑山社会主义者民主党主席米洛·久卡诺维奇应中联部邀请访华。

2013年4月，黑山社会民主党派团参加在苏州举办的第四届中欧政党高层论坛。中国残疾人艺术团赴黑山演出。5月，黑山文化部部长米丘诺维奇来华出席中国–中东欧国家文化合作论坛。7月，中国–中东欧国家合作黑山国家协调员、副总理顾问约韦蒂奇及黑山地方领导人代表团出席在重庆举办的中国–中东欧国家地方领导人会议。9月，黑山农业和农村发展部长伊万诺维奇来华出席第八届中国与中东欧国家合作农业经贸论坛。10月，黑山社会主义者民主党、社会民主党派代表来华参加中国与中东欧国家合作青年政治家论坛。

2014年7月，中联部副部长周力访问黑山。

2015年2月，黑山大学孔子学院正式揭牌。5月，四川省中医院黑山分院成立。同年，央视英语频道落户黑山。

2016年4月，两国文化部签署新一期文化合作执行计划。

第二节　"一带一路"倡议下的合作

一、"一带一路"倡议的提出

中国国家主席习近平于2013年9月和10月分别在哈萨克斯坦和印度尼西亚提出了共建"丝绸之路经济带"和"21世纪海上丝绸之路"的倡议。此后，中华人民共和国成立以来首次最高规格的周边外交工作座谈会在当年10月召开。会上,习近平主席强调要"突出周边在我国发展大局和外交全局中的重要作用,开展一系列重大外交活动";提出要"同有关国家共同努力,加快基础设施互联互通,建设好丝绸之路经济带、21世纪海上丝绸之路"。2013年11月召开的十八届三中全会通过了《关于全面深化改革若干重大问题的决定》,提出"建立开发性金融机构,加快同周边国家和区域基础设施互联互通建设,推进丝绸之路经济带、海上丝绸之路建设,形成全方位开放新格局"。

2015年3月28日,国家发展改革委员会、外交部、商务部联合发布了《推动共建丝绸之路经济带和21世纪海上丝绸之路的愿景与行动》文件。该文件正式确认了欧洲在"一带一路"倡议中的重要参与角色:"共建'一带一路'致力于亚欧非大陆及附近海洋的互联互通,建立和加强沿线各国互联互通伙伴关系,构建全方位、多层次、复合型的互联互通网络,实现沿线各国多元、自主、平衡、可持续的发展。"文件明确表示:"'一带一路'贯穿亚欧非大陆,一头是活跃的东亚经济圈,一头是发达的欧洲经济圈",在陆上要重点畅通中国经中亚、俄罗斯至欧洲(波罗的海),在海上是从中国沿海港口过南海到印度洋,延伸至欧洲。

二、中东欧国家加入"一带一路"

在落实"一带一路"倡议的过程中,中国政府认识到,有必要将部分欧洲国家纳入"一带一路"倡议的范围。中国外交部副部长张业遂在2014年3月公开表示,"一带一路"将是持续亚洲整体振兴的两大翅膀,有助于连接中亚、南亚、东南亚、西亚乃至欧洲的部分区域。与此同时,中东欧国家对"一带一路"倡议做出了积极响应,原有的互联互通合作项目开始被置于"一带一路"倡议的大框架之下。

2014年6月,中国-中东欧国家贸易促进部长级会议通过的共同文件指出,以推进丝绸之路经济带和21世纪海上丝绸之路建设为契机,根据各自国家法律法规,欧盟成员国并将根据欧盟相关法律法规,进一步加强经贸对话,提升经贸合作水平,拓展新的合作领域,促进共同发展与繁荣。这是中东欧16国首次正式响应"一带一路"倡议,"一带一路"倡议正式与中东欧国家合作相对接。

中东欧国家为了摆脱国际金融危机和欧债危机的不利影响,积极致力于扩大对外出口，吸引更多的外资，以发展本国经济。而中国正面临着产能过剩等局面，正在推动加快转变经济发展方式，扩大内需，实施外贸市场多元化和企业"走出去"战略。中国和中东欧国家间务实合作的契合点不断增多。

三、"一带一路"倡议下中国与黑山的合作

黑山总理米洛·久卡诺维奇说："虽然中国是世界上最大的国家之一，而黑山是最小的国家之一，但双方仍拥有可以开展合作的资源和能力。"

自中国提出"一带一路"倡议以来，中国与黑山的合作取得了突破性进展，中黑友好交往正处于历史最高水平。未来借助"一带一路"倡议的引领，中黑将不断加强友好合作关系，同时促进黑山自身发展。黑山副总理拉佐维奇认为，黑山虽然是中东欧16国里最小的国家，但它是中国和中东欧合作及中国"一带一路"倡议最积极的参与者。

（一）关键的战略位置

"麻雀虽小，五脏俱全。"黑山这个国家面积虽小，却是一个开放的经济体。这个小国位于亚得里亚海沿岸，地理位置十分重要，对中国发展"21世纪海上丝绸之路"、对接欧洲有着特别重要的意义。

"一带一路"中的"一路"，也就是"21世纪海上丝绸之路"，穿过亚得里亚海而延伸至威尼斯。而黑山拥有得天独厚的地理位置——位于亚得里亚海东岸，海岸线长293千米，拥有欧洲位置最靠南的科托尔湾，以及亚得里亚海区域最深的天然良港巴尔港，还拥有由巴尔港通向贝尔格莱德和布达佩斯的现代化铁路，以及通向沿线中东欧各国的高速公路的运力。该倡议所涉及国家的全部人口达到40亿。黑山可以充分利用处于亚得里亚海、连接中东欧的优越地理位置，使自己成为欧亚货物流通网络的一部分。如果要实现高效快捷的货物流通，就需要利用整个沿亚得里亚海的港口和西巴尔干地区的公路网络，这些基础设施的运输能力必须得到增强并达到现代化的标准。中东欧是"一带"和"一路"的交汇地区，黑山正处于这一地区的入口。

（二）中黑合作现状

1. 政治方面

2016年11月黑山新一届政府成立大会上，新总理杜什科·马尔科维奇在宣布施政纲领时，首次将中国同美国和欧盟并称为黑山最重要的国际关系合作伙伴。中国驻黑山大使崔志伟说："这体现了中黑双方多年积累的高度互信，并且体现出黑山在加强对华交往方面明确、强烈的意愿。"

2017年5月14日至15日，中国在北京主办"一带一路"国际合作高峰论坛。这是各方共商、共建"一带一路"，共享互利合作成果的国际盛会，也是加强国际合作、对接彼此发展战略的重要合作平台。

中国政府与黑山政府签署政府间"一带一路"合作谅解备忘录，推进战略对接，政策密切沟通。中国政府还与黑山政府签署经贸合作协议，着力推动双边产业投资加大，实现贸易畅通。

2. 经济水平

黑山全国人口仅约62万，经济状况良好，近三年来，GDP年增长率在3%左右，主要经济来源为农业、渔业及旅游业。黑山山多、冬季寒冷，生产效率较低，经济不甚发达，加入欧盟之后尚需接受外来援助，自2007开始旅游业逐渐成为黑山的主要经济来源。

在世界银行2016—2017年世界国家竞争力排名中，黑山位列八十二名（共138个国家）。在世界银行2017年营商调查排名中，黑山排在第51名（共190个国家）。

到黑山的外国投资者来自107个国家，其中主要国家有俄罗斯、意大利、奥地利、瑞士和塞浦路斯。最重要的原因是黑山的低税率，企业所得税仅为9%，是欧洲企业税率最低国家之一。但自由贸易的商业环境、良好的法律制度、政府管制较少也是非常重要的考虑因素。

从以上分析来看，黑山虽然规模较小，但是经贸和投资环境较好。

3. 黑山在"一带一路"中的定位

尽管如此，2016年"一带一路"国家的基本概况中，黑山是"一带一路"沿线最小的国家之一，GDP为41.8亿美元，进出口总额为26.1亿美元，进口额为22.6亿美元，出口额为3.5亿美元。

从进出口情况来看，黑山的进口额是出口额的6倍多，面临巨大的贸易逆差，同时也说明黑山是一个对外依存度极高的国家，黑山对外经济贸易活动逐渐活跃，外贸额稳定上升。主要贸易伙伴为塞尔维亚、意大利、希腊、斯洛文尼亚等。

4. 中黑贸易

黑山是世界货物出口占GDP比重最低的国家之一，对世界出口高度集中在技术含量低的金属制品。尽管服务出口较高，在2015年占本国GDP的34%，但依然低于同类国家，主要集中在三种类型：旅游、交通和金融服务。

黑山的出口越来越集中在特定的地理位置。自2006年以来，黑山与塞尔维亚、克罗地亚和斯洛文尼亚的货物贸易量翻了一番，黑山对中国的出口也不断增加，中黑双方经贸合作越发密切。这从一定程度上受益于"16+1合作"机制，双方贸易投资合作不断加深。但与此同时，我们不应忽视两个事实：第一，相比中国与其他欧盟国家的贸易额而言，中黑之间的贸易总额较少；第二，黑山由于经济体量小、产品种类不多，对我国贸易逆差巨大。贸易逆差是中黑乃至中国-中东欧国家之间长期存在、难以解决的问题。一方面，说明黑山与中国进行贸易方面还有相当大的提升空间；另一方面，长期的贸易失衡会影响到双边关系的持久与稳定。有效缓解这一问题对促进双边合作可持续发展十分重要。因此，中国和黑山都应进一步致力于让黑山的产品更多地出现在中国市场上，"16+1合作"机制以及"一带一路"就能为实现这一目标提供非常广阔的平台。

2017年6月8日—12日，第三届中国-中东欧国家投资贸易博览会在宁波举行。在该博览会上，黑山特色商品国家馆顺利开业。到目前为止，13个中东欧国家在宁波设立了国家馆。

5. 文教方面

国之交在于民相亲。文化艺术领域的交流正是"民相亲"的重要组成部分。中国与黑山的合作不应仅局限于经贸和投资方面，还需要加强人文交流，增加互派留学生和访问学者以及语言和文化交流项目。人文交流对于黑山年轻一代了解中国的政治、经济和外交情况十分必要。

中黑两国在过去三年多里各类文化展览、民间艺术交流项目频繁。2015年至今，黑山国内全部三所大学均与中国高校建立了友好合作关系，签署了友好合作备忘录，并已有近百名黑山学生赴中国留学。2016年，中国赴黑山的留学生也实现"零突破"。2017年黑山大学在与长沙理工大学的合作下，在黑山大学成立了孔子学院。中国政府提供给黑山优秀学生的奖学金名额在逐年增加，越来越多的黑山学生报名前往中国学习。另外，越来越多的中国学者出现在黑山组织的各种会议、论坛和研讨班上。

6. 旅游方面

黑山自然地貌多变，人民友好热情，旅游资源非常丰富，旅游市场具有很大潜力。黑山社会、政治、经济形势较为稳定。近年来，黑山政府将吸引中国游客作为发展旅游业的重要举措。同时，旅游合作也是"一带一路"倡议下"民心相通"的重要组成部分。

近年来，国内旅游市场逐渐转型，旅游目的地也在发生改变，曾经一些小众地区也逐渐出现在旅行者的视野中。巴尔干地区承载了一代中国人的记忆与情怀，结合旅游业市场转型趋势，巴尔干地区，特别是包括黑山在内的亚得里亚海沿岸地区有望成为中国公民新兴旅游目的地。国内旅游业界也有意愿积极开发这一地区的旅游市场。

为了助力中国与黑山之间的旅游合作，吸引更多的中国游客前往黑山欣赏风光，黑山政府出台了对中国公民实施签证便利化政策。携程网高级副总裁兼华远国旅董事长郭东杰还与黑山最大的旅行社——飞翔黑山旅游公司进行了会谈并签署了战略合作协议。

第三节　中黑经济未来合作重点领域

黑山总理米洛·久卡诺维奇提出："希望中国能大力加强对黑山的直接投资，参与地区基础设施项目建设，扩大中国到黑山游客数量，同时加大黑山产品向中国市场的出口，尤其是我们的葡萄酒。我们还需要开通两国间的直航，让商务人士和游客能更便捷地抵达。"

一、黑山的优势产业

（一）丰富的旅游资源

诗人拜伦说过："宇宙诞生之初，陆地与海洋最美的邂逅，必定是在黑山海岸。"黑山从秀美的湖光山色到壮阔的海湾、起伏的群山，再到连绵翠绿的针叶林，无论是西部的整个亚得里亚海沿海地区还是中部和北部的高山地区，都有着独具特色、令人着迷的自然景观。

著名旅游景点有被联合国教科文组织列入世界自然文化遗产的杜米托尔国家公园、科托尔老城和索波查尼修道院，其他著名景点还有塔拉河谷、圣特里普纳天主教堂、奥斯特罗格教堂、圣斯泰凡岛、布德瓦老城等。

黑山得益于其地理位置、气候、自然风光、历史沿革和美食等方面的条件，是中国游客赴欧洲旅游线路中的理想一站。美国旅游杂志曾形容黑山"拥有如时光倒流的中世纪村落，是欧洲最新、最有味道的旅游地"。

（二）旅游业对黑山经济的推动

2016年，黑山的旅游业作为支柱性产业，对国内生产总值的直接贡献为4.67亿美元，占国内生产总值的11%，但尚未发挥其全部潜力。阻碍其增长的原因有三：一是游客主要集中在旅游旺季（主要是7月和8月）；二是游客主要是集中在沿海地区，97%的游客在海岸度过假期；三是在营销和基础设施上的资金有限，不足以吸引更多的游客到该国去消费多样化的产品。

根据WTTC预测，2017年黑山旅游业收入将会上涨6.7%，2017—2027年，将会以6.1%的速度，上涨至8.99亿美元。2017年，黑山的经济每增长1美元，就有0.153美元由旅游业直接贡献。考虑到它更广范围的影响，将间接贡献计算在内，2016年黑山的旅游业对其经济增长的贡献程度达到了22.1%，预计在2027年，将会占到GDP的31.2%。

黑山旅游业有助于为当地人民创造就业机会，但其潜力并没有全面被开发出来，应进一步充分挖掘旅游业对创造就业的潜力。提高就业率对于推动黑山经济增长、减少黑山贫困人口至关重要。随着旅游业的不断发展，市场对黑山的劳动力会有越来越高的要求和更高的技能水平要求（例如翻译、语言、导游、在线媒体等）。这样将使农村社区和弱势群体（如妇女）能够更多地参与就业市场，从而促进黑山的经济进一步发展。

同时，黑山的旅游业对外依赖程度较高。在2016年黑山的旅游业对GDP的综合贡献中，外国游客的消费占旅游业总收入的八成，成为黑山经济发展的主要助力。

在"一带一路"倡议和"16+1合作"的引领下，中黑各领域交流日益密切。旅游业是黑山的优势产业，中国的出境游市场对于黑山来说，是一个巨大的消费市场，必将成为助推经济增长的新引擎。从这方面来看，双边合作潜力大，当前和未来一段时间，观光旅游、商务旅游等将有较大发展。

二、中国巨大的游客市场

2017年5月14日—15日，"一带一路"国际合作高峰论坛在北京举行，各国对加强国际合作、共建"一带一路"、实现共赢发展达成了共识。近年来，中国对"一带一路"沿线国家的旅游投资也逐渐成为我国对外开放过程中的重要组成部分，数据显示，随着相关政策的落地与配套设施的完善，中国游客赴"一带一路"沿线国家旅游的热情正不断高涨。

在"一带一路"的倡导下，中国不断加强与沿线国家的旅游合作，"一带一路"沿线国家已成为中国人出境游的新发力点。对中国游客的欢迎，还体现在"一带一路"倡议提出以来许多沿线国家对中国护照不断开放的签证政策，目前已有十多个"一带一路"沿线国家对中国护照实施了不同程度的免签、落地签及电子签政策，这对于中国人去这些国家旅游是极大的利好政策。

国家旅游局预计，"十三五"期间，中国将为"一带一路"沿线国家输送1.5亿人次中国游客和超过2 000亿美元的旅游消费，同时还将吸引沿线国家8 500万人次游客来华旅游，拉动旅游消费约1 100亿美元。

三、黑山吸引中国游客的政策

2016年黑山共接待12 000名中国游客。中国驻黑山大使崔志伟表示，出台对中国公民实施签证便利化政策必将助力旅游合作，吸引更多的中国客人来黑山。

据了解，目前中国游客赴黑山旅游主要有两种线路：一种是行程轻松、舒适度相对较高的地中海邮轮游，包括西班牙、意大利、希腊、黑山等地中海环线；另一种是深入体验巴尔干半岛文化的多国游，与奥地利、匈牙利等中东欧国家，或与意大利、德国等形成连线。驴妈妈旅游网相关负责人表示，赴黑山旅游行程多在14日以上，一般价格为2万~3万元，奥地利、斯洛文尼亚、黑山、塞尔维亚等多国连线游和意大利南部、黑山等巴尔干五国连线游都颇受游客欢迎。

为吸引中国游客，黑山出台了多项便民措施，进一步刺激了中国游客赴黑山旅游的热情。

（一）对中国公民实行免签

1. **免签原因**

第一，中国游客市场巨大。中国作为全球旅游大国备受关注，目前稳居世界上第一大出境游市场。中国出境游的兴起，对于全球旅游业而言，起到了极为重要的推动作用。中国旅游研究院、携程旅行网发布的《2016中国出境旅游者大数据》表示，随着中国出境旅游市场呈现出爆发式增长之态，中国2016年出境旅游达1.22亿人次，比2015年的1.17亿人次增长4.3%，蝉联全球出境旅游世界第一。我国已经成为泰国、日本、韩国、越南、俄罗斯、马尔代夫、英国等多个国家的第一大入境旅游客源地，而且是在每年参与出境游的人数不到全国人口的10%、居民护照拥有率占总人口的10%的情况下，可以预计未来中国境外出行的潜力依旧巨大。

第二，移动的钱包。中国人被称为"移动的钱包"，2016年我国出境游客旅游花费高达1 098亿美元，人均花费900美元。虽然出境游人数只占全国旅游人数的3%，但是出境游消费却占到全国旅游花费的16%。

第三，同业竞争的压力。人员往来便利化是出入境旅游繁荣的基石。面对如此庞大的客源和高额的消费收入，全球各个国家纷纷拿出绝招吸引中国游客。其中，放宽旅游签证限制也逐步成为吸引中国游客的"杀手锏"。澳大利亚、韩国、欧盟、美国、巴西和阿根廷希望利用这一措施不断扩大市场，放宽对中国游客的签证规定，吸引广大的中国游客。美国和澳大利亚为中国游客提供10年多次入境签证，法国和德国提供3~5年签证，英国商界领袖也积极推动政府放松对中国游客的签证规定。但相比较其他国家而言，中国游客必须经过复杂的签证申请程序才能访问黑山，这使得许多中国游客来到东南欧地区时，会倾向于选择相对而言签证便利的国家。

2. 免签内容

中国驻黑山大使馆官网发布《黑山对我国持普通及公务普通护照公民实施签证便利化措施》，自2017年4月15日起，持普通护照的中华人民共和国公民，凭已支付的行程安排、返回中国或前往第三国的交通证明以及旅行社开具的其他证明，以旅游团组方式集体出行可免签进入、过境黑山并停留不超过30天。此处的旅行团组，指中国和黑山签署有黑山旅游市场准入协议的旅行社所组成的团组。

黑山出台了针对中国公民的签证便利化政策。相信通过此举，能够迎来中国游客数量的大幅增长，让中国游客欣赏黑山美丽的自然风光，享受专业的旅游服务，同时也能够帮助延长黑山的旅游季，推动社会经济和就业的增长。

（二）加大投入基础设施

目前，各国高度重视旅游公共服务投资。基础设施更好的国家，将为游客提供更好的旅游公共服务，因此更具有吸引力。由此，越来越激烈的国际旅游竞争将会逐步演变成为基于旅游基础设施的竞争。

黑山自2008年启动旅游业发展战略的综合总体规划，预计2020年得以实现。规划包括沿海地区开发价值数十亿欧元的国际项目，通过建设全新且更高层次的豪华酒店来扩大、改善旅游的多元化。另外，新海尔采格附近的库姆伯乐的242 000平方英尺营地将改建成旅游度假区，未来几年将投资2.5亿欧元建设高档酒店，打造One&Only品牌在欧洲的第一家度假区，其有接近150间豪华客房和别墅，拥有久负盛名的One&Only住宅元素和世界级的码头、网球学院、健康水疗中心、餐饮以及零售等。此外,在路斯蒂卡半岛亚得里亚海岸的塔斯特湾有一个拥有八家酒店的休闲综合区,共2 200间客房、1 600间公寓、750间别墅、一个会议中心、一个18洞的高尔夫球场、两个游艇码头和一个配备有商场、学校和医疗服务中心的城镇将出炉,投资额预计为10亿欧元。而位于蒂瓦特的波尔图曾是科托尔湾以前的军事基地,现已改建成专为豪华游艇停泊的专属码头,并由最初的184个泊位增加到如今的370个泊位。

参考文献

[1] 陈界. 19世纪泛斯拉夫主义与俄土战争. 史学集刊, 2003(03): 56-59+55.

[2] 窦菲菲. 中东欧国家对华贸易: 竞争中的挤出和转移效应, 国际经济合作, 2014(01): 39-45.

[3] 弗拉舍里. 阿尔巴尼亚史纲. 北京: 三联书店, 1964.

[4] 韩昕. 前南斯拉夫的民族变迁. 世界知识, 1992(18): 21-23.

[5] 扈大威. 欧盟对西巴尔干地区政策评析. 国际问题研究, 2006(02): 40-44.

[6] 霍布斯鲍姆. 民族与民族主义. 李金梅, 译. 上海: 上海人民出版社, 2006.

[7] 金玲. 中东欧国家对外经济合作中的欧盟因素分析. 欧洲研究, 2015(02): 29-41+6.

[8] 金重远. 巴尔干和第二次世界大战. 复旦学报(社会科学版), 2007(03): 83-94.

[9] 久多维奇, 张佳慧, 吴锋. 中黑两国经贸和农业的合作现状与未来展望. 江南大学学报(人文社会科学版), 2015(2): 79-85.

[10] 孔寒冰. 黑山印象. 世界知识, 2011(15): 64-65.

[11] 孔田平. 东欧经济转轨: 进展、问题、经验与趋势. 俄罗斯东欧中亚研究, 1997(1): 23-32.

[12] 孔田平. 国际金融危机背景下对中东欧经济转轨问题的再思考. 国际政治研究, 2010, 31(04): 17-30, 187.

[13] 孔田平. 制度变迁与经济转轨——对苏联和东欧10年经济转轨的思考. 俄罗斯东欧中亚研究, 2001(01): 16-21, 95.

[14] 孔田平. 中国与中东欧国家经济合作现状与发展趋势. 国际工程与劳务,2014(10):2-6.

[15] 李俊. 黑山共和国独立思潮的发展情况. 国际资料信息,1999(08):12-15.

[16] 李俊. 黑山新任总理米洛·久卡诺维奇. 国际研究参考,2013(02):48-50,54.

[17] 刘作奎. 苏州峰会后"16+1合作"发展走向——来自中东欧国家智库的回应. 当代世界,2016(2):45-47.

[18] 刘作奎. 中东欧在丝绸之路经济带建设中的作用. 国际问题研究,2014(04):72-82.

[19] 刘作奎. 中国与中东欧合作:问题与对策. 国际问题研究,2013(05):73-82.

[20] 龙静. 中国与中东欧国家关系:发展、挑战及对策. 国际问题研究,2014(05):37-50.

[21] 马悟,达沃尔·伍切科夫斯基,波斯蒂安·乌多维奇,鞠维伟. 巴尔干国家对华发展经贸投资关系的态度——以斯洛文尼亚和黑山两国为例. 欧洲研究,2015,33(6):21-25.

[22] 孟纪青. 黑山的过去和现在. 世界知识,1995(19):15-17.

[23] 盛艳. 罗伯特·克里利诗歌的本土化. 安徽文学(下半月),2008(02):77-78.

[24] 斯蒂芬·克利索德. 南斯拉夫简史. 哈尔滨:黑龙江人民出版社,1976.

[25] 塔马斯·马杜拉,马骏驰. 德国对中国-中东欧国家关系的影响——以斯洛文尼亚和黑山两国为例. 欧洲研究,2015,33(6):25-28.

[26] 田春生. 浅析东欧经济转轨. 世界经济,1995(3):70-75.

[27] 田剑威. 黑山加入北约令"北极熊"动怒. 坦克装甲车辆,2016(04):13-17.

[28] 外交部. 黑山国家概况[EB/OL].(2018-03)[2018-04-03]. http://www.fmprc.gov.cn/web/gjhdq_676201/gj_676203/oz_678770/1206_679258/1206x0_679260/.

[29] 王齐龙."一带一路"是促进国际经济整合的重要一步——专访

波兰外长维托尔德·瓦什奇科夫斯基. 中国新闻周刊,2016(016):38-40.

[30] 王智敏,郭志家. 树欲静而风不止——南斯拉夫专家纵论南形势. 世界知识,1999(19):12-13.

[31] 小鸿. 黑山共和国首都——波德戈里察. 世界知识,1992(19):11.

[32] 许万明. 塞尔维亚和黑山共和国近两年经济形势及投资环境. 欧亚经济,2003(6):22-26.

[33] 严少发,姬东东,罗良乾. 东欧山岭地区高速公路施工便道的关键程序及技术——以黑山共和国南北高速公路工程为例. 中外公路,2018,38(01):1-5.

[34] 杨校美. 吸引外资能促进对外投资吗——基于新兴经济体的面板数据分析. 南方经济,2015,V33(8):63-76.

[35] 姚稼露. 黑山独立透视. 当代世界,2006(07):16-17.

[36] 姚铃. 中国与中东欧国家经贸合作现状及发展前景研究. 国际贸易,2016(3):46-53.

[37] 于运全. "一带一路"赢得国际社会积极评价. 求是,2015.

[38] 张骥,陈志敏. "一带一路"倡议的中欧对接:双层欧盟的视角. 世界经济与政治,2015(11):36-52.

[39] 张文武. 对东欧国家向市场经济过渡的若干问题探讨. 俄罗斯东欧中亚研究,1997(1):4-17.

[40] 张颖. 中东欧国家经济转轨的独特性. 世界经济,1999(3):63-65.

[41] 赵乃斌. 南斯拉夫的变迁. 广东:广东人民出版社,2002.

[42] 朱晓中. 冷战后中国与中东欧国家关系. 俄罗斯学刊,2012(01):49-55.

[43] 朱晓中. 中东欧国家转型和资本主义类型. 俄罗斯东欧中亚研究,2014(02):10-17,95.

[44] 朱晓中. 中东欧国家资本市场发展状况. 欧亚经济,2015(06):2-24,123.

[45] "Slavyane v rannem srednevekovie" Valentin V. Sedov, Archaeological institute of Russian Academy of Sciences [R] Moscow,

1995.

[46] BatenJörg. A History of the Global Economy: From 1500 to the Present. Cambridge: Cambridge University Press, 2016.

[47] BBC News. Montenegro vote result confirmed[EB/OL]. [2017-07-27]. http://news. bbc. co. uk/2/hi/europe/5007364. stm.

[48] BBC. Darmanović: Montenegro becomes EU member in 2022[EB/OL]. [2017-08-10]. http://www. bbc. com/news/world-europe-37890683.

[49] Central Intelligence Agency. Montenegro[EB/OL]. [2017-12-1]. https://www.cia.gov/library/publications/the-world-factbook/geos/mj. html

[50] Ćetković J, Knežević M, Žarković M, et al. Development and Competitiveness Improvement of the Construction Sector in Montenegro. Applied Mechanics & Materials, 2014.

[51] Crampton R J. A Concise History of Bulgaria. Cambridge: Cambridge University Press, 2005.

[52] Darmanović: Montenegro becomes EU member in 2022[EB/OL]. [2017-07-27]. https://europeanwesternbalkans. com/2017/04/20/darmanovic-montenegro-becomes-eu-member-in-2022/.

[53] Government of the Republic of Montenegro. President Vujanovic's Closing Speech at the Crans Montana Forum[EB/OL]. [2017-08-1]. http://www. predsjednik. me/print. php?id=983&jezik=2.

[54] International Monetary Fund. Montenegro [EB/OL]. [2017-10-10]. http://www.imf.org/external/pubs/ft/weo/2017/02/weodata/weorept.

[55] Jelavich Barbara. Russia and the Formation of the Romanian National State, 1821—1878. Cambridge: Cambridge University Press, 2004.

[56] Jessup John E. A Chronology of Conflict and Resolution, 1945—1985. New York: Greenwood Press, 1989.

[57] John R. Lampe; et al. Yugoslav-American Economic Relations Since World War II. North Carolina: Duke University Press, 1990.

[58] Kowalski B. China's foreign policy towards Central and Eastern Europe: The "16+1" format in the South—South cooperation perspective. Cases of the Czech Republic and Hungary. Cambridge Journal of Eurasian Studies, 2017.

[59] Ministry of Agriculture and Rural Development. Government of Montenegro launches a website for flood relief donations [EB/OL]. [2018-03-10]. http://www.minpolj.gov.me/en/news/102322/Government-of-Montenegro-launches-a-website-for-flood-relief-donations.html.

[60] Ministry of Agriculture and Rural Development. The International Fund for Agricultural Development (IFAD) in his first official visit to Montenegro [EB/OL]. [2018-04-1]. http://www.minpolj.gov.me/en/news/148733/The-International-Fund-for-Agricultural-Development-IFAD-in-his-first-official-visit-to-Montenegro.html.

[61] Montenegro Airlines. Flight Timetable [EB/OL]. (2018-03) [2018-02-02]. https://montenegroairlines.com/en/information_and_services/flight_timetable.

[62] Radio Liberty. Montenegrin Court Confirms Charges Against Alleged Coup Plotters [EB/OL]. [2017-08-1]. https://www.rferl.org/a/montenegro-coup-charges-confirmed/28535744.html.

[63] Roland Sussex, Paul Cubberly. The Slavic Languages. Cambridge: Cambridge University Press, 2006.

[64] Stipcevic. The Illyrians: History and Culture. Berkeley, Noyes Press, 1977.

[65] The Washington Times. Montenegro invited to join NATO, a move sure to anger Russia, strain alliance's standards [EB/OL]. [2017-08-9]. https://www.washingtontimes.com/news/2015/dec/1/montenegros-drive-for-nato-angers-russia-strains-a/.

[66] Tianping K. 16+1 cooperation framework: Genesis, characteristics and prospect. Medjunarodni problem, 2015.

[67] UNDP in Montenegro. From its citizens to law enforcement, Montenegro united in destroying its ammunition [EB/OL]. [2017-12-10].

http：//www.me.undp.org/content/montenegro/en/home/presscenter/articles/2017/10/20/from-its-citizens-to-law-enforcement-montenegro-united-in-destroying-its-ammunition. html.

[68] UNDP in Montenegro. Montenegrin activists at the Map of women activism of the Western Balkans and Turkey.

[69] Wikipedia. Montenergro[EB/OL]. [2018-02-1]. https://en.wikipedia.org/wiki/Montenegro.

[70] WIPO. Constitution of Montenegro[EB/OL]. [2017-12-8]. http：//www.wipo.int/wipolex/en/text.jsp?file_id=187544#LinkTarget_1506.